Egzistencijos Audros
ir Kitos Istorijos

Egzistencijos Audros ir Kitos Istorijos

Aldivan Torres

aldivan teixeira torres

CONTENTS

1 Egzistencijos Audros ir Kitos Istorijos   1

1

Egzistencijos Audros ir Kitos Istorijos

Aldivan Torres

Egzistencijos Audros ir Kitos Istorijos

Paskelbė: Aldivan Torres
©2023 - Aldivan Torres
Visos teisės saugomos.
Serija: Dvasingumas ir savi pagalba

Ši knyga, įskaitant visas jos dalis, yra saugoma autorių teisių ir negali būti atgaminta be autoriaus leidimo, perparduota ar atsisiųsta.

Aldivan Torres, kilęs iš Brazilijos, yra rašytojas, sujungtas keliais žanrais. Iki šiol jos pavadinimai paskelbti dešimtimis kalbų. Nuo mažens jis visada buvo rašymo meno mėgėjas, nuo 2013 m. antrojo pusmečio įtvirtinęs profesionalo karjerą. Savo raštais jis tikisi prisidėti prie Pernambuco ir Brazilijos kultūros, pažadindamas skaitymo malonumą tiems, kurie dar neturi įpročio.

ALDIVAN TORRES

Atsidavimas

Šią knygą pirmiausia skiriu Dievui, savo šeimai, artimiesiems, skaitytojams ir visiems, kurie mane padrąsina.

Įvadas

Egzistencijos audros parodo mums tikrąjį laimės kelią vis labiau neramiame, konkurencingame, greitame ir blogame pasaulyje. Tai refleksyvūs žvilgsnis į gyvenimą, religiją, mūsų santykį su Dievu ir žmonėmis, apie save ir savo troškimus, įsitikinimus, baimes ir siekius.

Pasinerkime į šią išminties jūrą apmąstydami, kas esame ir ką galime padaryti. Kelias parašytas, ir mes neturime sukti nei į dešinę, nei į kairę. Padarykite savo gyvenimą šviesos keliu, vedančiu kitus į tikrąjį laimės kelią.

Egzistencijos Audros ir Kitos Istorijos
Egzistencijos Audros ir Kitos Istorijos
Atsidavimas
Įvadas
Jūs neturite atsakomybės už pasaulį.
Labiau rizikuokite savo profesijoje.
Gyvenimas visada to vertas.
Būkite laisvi kaip žvirbliai.
Pasivaikščiojimas po senąjį ūkis, Calumbi miestą
Ekskursija po Mažąjį būgną, Calumbi kaimą
Pietūs su išmintingaisiais
Saugokitės žodžių.
Kartais tyla yra geriausias atsakymas.
Išvaizda yra labai svarbi šiame pasaulyje
Skatinkime skaitymą ir meną apskritai.
Klasifikacija festivalyje

Mano šeimos situacija sudėtinga. Vienintelis mano šansas rasti meilę būtų paslaptyje ir atskiruose namuose. Sudėtinga, ar ne?

Atsakas mano kritikams

Mano nuostabus gyvenimo būdas
Lengva atpažinti ištikimus draugus.
Visada atiduokite viską, ką galite
Bus kovos laikai, bet visada yra vilties laimėti
Panaikinkite savo defektus ir įvertinkite savo savybes.
Jūs negyvenate be rizikos.
Šiandienos pralaimėjimai paruošia mus rytojaus pergalėms.
Nepaisant didelių nusivylimų, manau, kad gyvenimas yra to vertas.
Niekas nėra amžinai.
Niekada neturime pasiduoti gerindami pasaulį
Prireikus imkitės veiksmų
Būtina žinoti, kaip suprasti pasaulį stebint.
Nenuvertinkite vargšų, silpnųjų ar skurstančiųjų
Būkite atviri naujoms situacijoms, patobulinimams ir supraskite kitas situacijas
Kol gyvensiu, tol darysiu gera žmonėms.
Kol negirdėsime savo vidaus, liksime nelaimingi.
Peržiūrėkite savo projektus.
Prieš kaltindami apmąstykite savo veiksmus.
Kai padarysite klaidą, imkitės jos.
Būkite supratingi su visais.
Visada išlaikykite ramybę
Išdidūs žmonės niekada neturi visiškos sėkmės.
Žinokite, kaip atpažinti savo ištikimą draugą.
Eiti gėrio keliu yra geriausias pasirinkimas.
Kelionė į arkliukas rajoną
Kažkas gali pavogti jūsų darbą, jūsų vaikiną ar jūsų turtą. Vienintelis dalykas, kurį kiekvienas gali iš jūsų atimti, yra jūsų studijos ar žinios.
Žemėje nėra tobulumo. Todėl mūsų vienintelis mokytojas turi būti Dievas.
Visi turime svarbių žinių.
Kančios principas yra mūsų klaidingi pasirinkimai.
Nesijauskite kalti dėl to, kas jūsų nekontroliuoja.

Nelaikykite nuoskaudos prieš nieką.
Mes nemokame už praeities gyvenimo klaidas.
Nesivelkite į taisykles, kurkite savo etiką.
Nevertinkite grožio. Reikšmės simbolis
Priimkite mirtį kaip neišvengiamą mūsų visų likimą.
Rūpestingai rūpinkitės savo vaikais.
Niekada nenorėk to, kas tau nepriklauso.
Sukūriau įsivaizduojamą pasaulį, kad jausčiausi gerai.
Šventasis Raymondas iš Penyafort
Vaikystė ir paauglystė
Penyafort pilis- Barselona- Ispanija
Po penkerių metų
Po kurio laiko
Apie turto paveldėjimą po mirties
Visą savo sėkmę esu skolingas savo skaitytojams.
Mano pagarba juodaodžių rasei
Baimė yra didysis mūsų nesėkmių piktadarys.
Suteikite sau teisę klysti.
Tegul save nuneša gyvenimo tėkmė.
Vienatvė taip pat moko daug svarbių dalykų.
Būkite laimingi bet kokioje situacijoje.
Meilė yra didis dvasinis mokymasis.
Turėti švarią sąžinę yra neįkainojama.
Pasitikėjimas kitais yra didelis pavojus.
Niekada neleiskite, kad jūsų tikėjimas baigtųsi
Viskas, ką turite iš savo, atsitinka.
Darykite sau tai, ko norite pasauliui.
Niekada nebandykite pakenkti kitam.
Su intelektu galime įveikti didžiąsias savo gyvenimo audras.
Meilė verčia mus patikėti, kad viskas verta.
Yra dalykų, prie kurių negalime grįžti
Ne visada galime dirbti pagal tai, kas mums patinka.
Neleiskite, kad blogis būtų jūsų gyvenime.

Stenkitės gyventi harmonijoje su visais.
Būkite mažiau neišmanantys ir išdidūs.
Prieš kalbėdami ilgai ir sunkiai pagalvokite.
Visi seksualumai yra svarbūs ir turi būti gerbiami.
Džiaukitės kiekvienu pasiekimu ir kiekviena nugyventa diena.
Kai susiduriame su dideliais iššūkiais, parodome savo sugebėjimą
Džiaugsmingai priimkite visus apsilankymus iš savo namų
Meilė yra kažkas, ką reikia ugdyti kasdien.
Negarbinkite praeities taip, lyg rytojaus nebūtų.
Pasaulyje yra daugybė meilės formų.
Neieškokite meilės santykių iš finansinio intereso. Likite dėl meilės su žmogumi.
Nėra visiškai teisingos etikos.
Mums reikia dosnių ir gerų vyrų.
Abaíra miesto istorija Bahijos valstijoje
Kalbėkitės dideliame name.
Naujas savininkas ir prekybos atidarymas.
Pasikalbėkite su tėvu.
Sveikatos Dievo Motinos bažnyčios statyba
Istorijos pabaiga
Turėkite tiesą kaip pagrindinę savo gyvenimo vertybę.
Kuo daugiau laiko praeina, tuo sunkiau viskas gaunasi.
Saugokitės blogos įtakos
Tamsi mano gyvenimo naktis
Dievas sukūrė vyrą ir moterį tuoktis ir dauginis.
Prieš kritikuodami stebėkite savo požiūrį.
Lengviau mylėti tolimus žmones.
Atsikratykite visko, kas jus įkalina.
Turime išmokti gyventi su kitų skirtumais.
Nėra prasmės teisti, jūs nepažįstate žmogaus
Sunku atsiriboti nuo žmonių, kuriuos mylime.
Kuo daugiau galvoji apie nesėkmes, tuo labiau jas pritrauki.
Su kiekvienu blogu įvykiu kelkis.

Kiekviena pergalė mūsų gyvenime turi istoriją.
Leidžiu savo literatūros ribai būti mano vaizduote.
Eikite sąžiningai ir tyliai.
Nesigėdykite savo darbo.
Niekada neatgailaukite dėl savo gerumo
Gyvenk taip, lyg neturėtum religijos.
Gyvenimas tame pačiame name yra sudėtingas.
Turėjau svajonę turėti vaikų.
Kai esame nepatenkinti, tai motyvuoja mus keistis.
Visada medituokite apie savo interjerą
Atsakomybė santuokoje
Gyvenimas ir mirtis
Šiek tiek apie mano mamą
Šiek tiek apie mano brolį Adenildo
Mano didžioji svajonė buvo apkeliauti pasaulį.
Būkite laimingi, net jei jus neteisingai supranta kiti
Neleiskite niekam įvaldyti jūsų veiksmų.
Savanaudiškumas yra blogiausias defektas.

Jūs neturite atsakomybės už pasaulį.

Nereikia reikalauti, neįmanoma su savimi prisiimti atsakomybės, kuri tenka kitiems. Norėdami išlikti laisvi, lengvi ir laisvi, turime dalytis savo pareigomis su tais, kurie turi šią pareigą.

Visą gyvenimą nešiojausi labai didelį šeimos atsakomybės svorį. Taip yra todėl, kad mano broliai nesimokė, o aš įstojau į koledžą, gavau viešąjį darbą, o mama mirė. Šis veiksnių rinkinys atvedė mane į chaoso ir didelių atsakomybių pasaulį.

Jaučiuosi dėkingas, kad galiu padėti savo broliams, jie man yra viskas. Tačiau tuo pat metu jaučiuosi sutrikęs, nes negyvenu savo asmeninio gyvenimo ir nekuriu savo šeimos. Svajojau turėti savo namus, vyrą ir vaikus. Bet, deja, esu vienintelė gelbėjimosi valtis savo šeimoje.

Kartais jaučiuosi nuobodi ir nedrąsi bendrauti su kuo nors, nes neturiu laisvės savo namuose. Ką turėčiau kam nors pasiūlyti? Tik malonumo akimirkos? Ar santykiai gali būti grindžiami tik seksu ir kelionėmis? Tai yra daug asmeninių klausimų, kuriuos man atnešė mano pasirinkimas ir nuo kurių aš negalėsiu pabėgti.

Labiau rizikuokite savo profesijoje.

Ką mėgstate veikti? Kurioje srityje turite daugiausia giminingumo? Kas jums labiausiai rūpi dėl pinigų ar gerovės? Atsakymas į šiuos klausimus gali suteikti jums kryptį apie profesinę sritį, kurioje turėtumėte veikti.

Esu valstybės tarnautojas ir rašytojas. Man patinka abi sritys. Bet aš labiau bendrauju su rašymu. Kadangi mano rašymas yra terapija, į šią veiklą įdedu daugiau savo energijos. Rašyti man, be to, kad tai puikus hobis, yra labai smagu. Su rašymu galvoju nuo tada, kai man buvo dvidešimt treji. Rašydama įveikiau rimtas problemas, tokias kaip depresija. Ir šiandien man tai yra geros pajamos. Profesijos malonumą suvienijau su geru atlyginimu, o tai yra puiku.

Gyvenimas visada to vertas.

Kad ir kiek turime kančių ar kliūčių, kurias turime įveikti, gyvenimas yra gražus ir nusipelno būti gerai nugyventas. Nuo pat gimimo mylėjau gyvenimą ir užsibrėžiau parašyti sau gražią istoriją. Dalinuosi su jumis, kad esu puikus nugalėtojas. Buvau puikus karys, kuris be baimės kovojo su visomis kliūtimis.

Visada tikėjau savo sugebėjimais. Visada bėgdavau paskui savo norus. Žinojau, kaip pralaimėti ir atsisakiau kai kurių svajonių. Bet aš dariau naujus projektus ir atnaujinau savo gyvenimą. Aš niekada negalėjau liūdėti ir patekti į pražūtį. Taip, manau, kad yra išeitis iš visko. Taigi, tikėjau, kad šiandien esu čia taikesnis, įsitikinęs savo sprendimais, laimingas ir pasiruošęs naujoms gyvenimo audroms.

Būkite laisvi kaip žvirbliai.

Būkite laisvi kaip žvirbliai. Būkite laisvi, nes tai yra didžiausias jūsų pasiekimas. Daug žmonių gyvena kalėjimuose, iš kurių negalite pabėgti. Ir taip kankina gyventi kalėjime ir turi įtikti kitiems. Todėl tai nuobodus ir beprasmis gyvenimas.

Svajojau amžinai turėti laisvą gyvenimą, tačiau aplinkybės mane įstrigo taip, kad negaliu pabėgti. Vienintelė mano laisvė yra rašymas, kuris visiškai transformuoja visą mano gyvenimą. Per savo literatūrą pagaliau galiu svajoti apie geresnes dienas. O ateitis man suteikia geresnio likimo viltį. Telaimina mus visus Dievas.

Pasivaikščiojimas po senąjį ūkis, Calumbi miestą

Esame senajame ūkininkų kaime, Calumbi savivaldybėje. Nedaug gatvių iš vienos pusės į kitą, kaimo aspektas, kaip ir bet kuris Brazilijos kaimas.

Persikėlėme į spiritualizmo Toni, kuris yra vienas iš serialo "Regėtojas" skaitytojų, namus.

Toni

Sveiki atvykę į mano namus, mano brangūs draugai. Esu aistringas jūsų, kaip rašytojo, kūrybos skaitytojas. Džiaugiuosi, kad priėmėte mano kvietimą pažinti šią žavią vietą, kuri yra senoji ferma.

Dieviškas

Dėkojame. Esu puikus nuotykių ieškotojas, ieškantis pažinties su Brazilija. Bet kokia galimybė yra sveikintina.

Kalnų dvasia

Man patiko ši istorinė vieta Pernambuco interjere. Jis turi šiek tiek žavesio ir puošnumo. Esu pasirengęs iš to sužinoti daugiau paslapčių.

Beatričė

Ore jaučiu magiją ir gerą energiją. Subjektai liepia man judėti toliau ir daryti atradimus. Atrodo, kad viskas klostosi gerai.

Renato

Žengiame naują žingsnį pergalės link. Tai dar vienas mūsų istorijos skyrius. Taigi judėkime toliau.

Toni
Tai man teikia daug džiaugsmo. Įeikime į mano kuklius namus. Tai paprasta, bet labai jauki vieta.

Kvintetas įeina į namus, eina į kambarį ir įsikuria ant sofos. Šiek tiek pastangų, jie visi tinka.

Toni
Leiskite jums pristatyti savo močiutę Ignaciją, kuri buvo didis išmintingas žmogus. Aš jai papasakojau apie jus visus.

Ignacija
Matau, kad esate puiki komanda. Didelis džiaugsmas susitikti su jumis. Dieviškas, tavo kelias pilnas šviesos. Matau jumyse aiškią tendenciją į menus, į intelektualinę sritį, mokymosi ir išminties kelią. Kalno dvasia, jo senovinis kelias atitiko dieviškąjį. Kartu jie galės išspręsti problemas ir pasiekti didelių pasiekimų. Renato, tu visada esi nepakeičiamas. Su kiekvienu siūlomu nuotykiu jūs vis labiau išsiskiriate. Beatričė, ši partnerystė su psichika truko ilgai. Jie buvo draugai nuo vidurinės mokyklos, vienas iš jų visada labai palaikė kitą. Taigi, keturi iš jūsų yra idealūs personažai tęsti regėtojų seriją. Patikėkite, rezultatai bus puikūs.

Dieviškas
Jūs turite nuostabią dovaną, medų. Tikrai, esame labai artimi. Viskas, ką patiriame, yra ypač svarbu ir konstruktyvu. Džiaugiuosi, kad žiūrite.

Ignacija
Tai mažiausia, ką galėjau padaryti, bičiuli. Jūs esate pakviesti į mano paruoštus pietus.

Renato
Labai ačiū. Mes visi mėgsime paragauti jūsų prieskonių.

Jie kalbėjosi šiek tiek ilgiau. Netrukus po to jie papietavo ir išėjo pasivaikščioti po kaimą. Viskas buvo labai žavinga ir žadėjo naujienas. Vėlyvą popietę eikite link kito iššūkio.

Ekskursija po Mažąjį būgną, Calumbi kaimą

Oras yra drumstas, o magnetiniai vėjai ribojasi su šimto kilometrų per valandą greičiu. Net ir atšiauriomis oro sąlygomis turime naują nuotykį, pasiūlytą neprilygstamam regėtojo personalui.

Mes esame Mažas būgnas, Calumbi kaime. Tai nedidelis namų klasteris, išsidėstęs iš vienos pusės į kitą, būdingas bet kuriam šiaurės rytų Brazilijos kaimui. Kvartetas eina kaimo gatvėmis, kol priartėja prie gatvėje valančios ponios.

Kalnų dvasia

Mes ieškome didžiojo būgno, galingo mago iš Pernambuco interjero. Ar galėtum mus vesti, ponia?

Leidę

Žinau tą įspūdingą figūrą. Jis gyvena už dviejų kvartalų nuo čia. Tiesiog du kartus į dešinę ir pereikite prie trečio namo. Nėra klaidos.

Kalnų dvasia

Labai ačiū, mielasis. Mes gauname žinią. Tiesiog būkite ramūs.

Grupė laikosi tos moters rekomendacijų. Maždaug po penkiolikos minučių jie jau beldžiasi į minėto namo duris. Aukštas, juodas, raumeningas vyras ateina pas tave.

Didysis būgnas

Ko tu nori, nepažįstamieji?

Dieviškas

Mano vardas Dieviškas, ir aš esu regėtojo grupės atstovas. Ateinu ieškoti didžiojo šios vietos išminčių.

Didysis būgnas

Jūs kalbate su savimi. Taigi tai serialo "Regėtojas" grupė, svarbiausia literatūrinė serija pasaulyje?

Beatričė

Tiesa. Mes esame talentingi serialo "Psichika" menininkai. Likimas mus čia atvedė. Ką jūs į tai sakote?

Didysis būgnas

Prašau įeiti į mano kuklius namus. Tai bus geras laikas pasikalbėti su jumis.

Renato
Man patinka jūsų požiūris. Tu man atrodai kaip rimtas vyras.
Didysis būgnas
Labai ačiū, jaunuoli. Eikime į vidų.
Visi paklūsta šeimininko prašymui. Kokias paslaptis tas žmogus saugojo?

Pietūs su išmintingaisiais

Patiekiami pietūs. Kol jie valgo, jie kalba išsiblaškę.
Didysis būgnas
Esu didelis jūsų darbo fanatikas. Šiuo literatūroje tokiu ypatingu keliu negalėjome praleisti savo kaimo. Ir šiandien mes esame čia, pasiklydę popietės neramume.
Kalnų dvasia
Ką matote apie mus?
Didysis būgnas
Matau puikų komandinį darbą. Priešingų jėgų nuotykis mums parodė, kad dvilypumo pusiausvyra yra būtina kūrybai. Tamsioje sielos naktyje mes mokomės valdyti ir suprasti savo tamsiąją pusę. Aš esu, mes mokomės būti savimi, prieš tai, kas esame. Dievo kodekse mes atskleidžiame tikrąją Dievo savybę. Taigi sekė nuotykiai.
Dieviškas
O kaip mano asmeninis kelias?
Didysis būgnas
Matau sėkmę, meilę ir malonumą su profesija. Turėsite vieną meilę. Tą meilę žmogaus pagalba rasite po ilgo laiko. Tai įvyks po šešėlių ir persekiojimų laikotarpio.
Dieviškas
Kaip tai įvyks?
Didysis būgnas
Aš vis dar nematau to tiksliai. Tačiau yra keletas galimybių. Pirmasis pasimatymas su šiuo vaikinu gali būti vienoje iš jo kelionių, tai gali būti

pasimatymas restorane, paplūdimyje ar net prekybos centre. Aš tiesiog tikiu, kad meilė sužydės jūsų širdyje ir suteiks jums daug laimės.

Beatričė

Geri dalykai, ar ne, bičiuli? Esu nepaprastai laimingas dėl tavęs.

Renato

Jūs nusipelnėte to ir dar daugiau.

Dieviškas

Tai patvirtina mano intuiciją. Bet esu tikras, kad tai užtruks, nes vis dar esu įstrigęs tamsioje kilpoje.

Kalnų dvasia

Tikėkite, kad didysis Dievas gali pakeisti savo istoriją tinkamu laiku. Tuo tarpu dirbkite su savo asmeniniais projektais.

Dieviškas

Tiesa. Nesiruošiu gaišti laiko. Džiaugsiuosi gyvenimu kuo geriau.

Visi džiūgauja ir apsikabina. Maistas buvo labai geras ir jie skiria laiko toliau bendrauti. Buvo smagu dalintis patirtimi ir norais. Sėkmės grupei.

Saugokitės žodžių.

Žodžiai turi jėgą ir galią. Žodžiai yra mėgstami, bet jie taip pat skauda. Todėl būkite atsargūs, ką darote ir apie ką kalbate, nes tai gali turėti rimtų pasekmių kito gyvenimui.

Mane dažnai skaudindavo grubus požiūris ir netinkami kitų žodžiai. Tai man sukėlė nepataisomą traumą mano galvoje. Jei žmonės turėtų supratimą apie jos galią, jie galėtų atidaryti karus arba išlaikyti taiką.

Rūpinkis savo draugu kaip tėvas. Padėkite jam vystytis ir nesunaikinkite jo. Būkite kitokie nei kiti ir ką nors pakeiskite. Nesigailėsite, kad esate gėrio nešėjas.

Kartais tyla yra geriausias atsakymas.

Viskam yra momentų. Yra akimirkų darbui ir kitų laisvalaikio akimirkų. Yra akimirkų, kurias reikia keliauti, ir kitų akimirkų, kurias reikia apmąstyti. Yra akimirkų, kai reikia kalbėtis, ir kitų akimirkų, kai reikia tylėti. Kartais tyla yra geriausias atsakymas, kurį turime dėl to, kas mums nepatinka, ir dėl nepatogumų.

Nėra prasmės kovoti su smurtu. Neverta rizikuoti savo ramybe dėl tų, kurie to nenusipelnė. Neverta tiesiog atsisakyti savo svajonių dėl kitų užgaidos. Visada būkite laisvi ir savarankiški priimdami sprendimus. Būtent su klaidomis ir laimėjimais kuriame savo istoriją. Taip, ne kas nors turi mus teisti. Tik tie, kurie gyvena mūsų istorija, esame mes patys, mes įdedame sunkumus su nuolankumo, atleidimo ir meilės sandalu. Tiesiog būk laimingas.

Išvaizda yra labai svarbi šiame pasaulyje

Kasdien gyvename grožio kultūra. Matome, kad grožis daro didelę įtaką kultūriniams renginiams, mokyklos aplinkai, darbui, namuose ir visur kitur.

Niekada nebuvau gražus vyras ar didelis asilas. Gal tai ir buvo pagrindinė priežastis, kodėl negalėjau rasti partnerio. Bet be to, galbūt trukdė ir mano šeimyninė situacija. Niekas neįeitų į šerno medį jo ramybės ir harmonijos sąskaita. Dėl šių ir kitų priežasčių niekada neturėjau meilės. Šiuo metu man artėja keturiasdešimties metų ir mes esame 2023 metais.

Skatinkime skaitymą ir meną apskritai.

Gyvename skaitmeniniame amžiuje. Vis daugiau žmonių yra prisijungę prie interneto, žaidimų, pornografijos, virtualaus darbo, kino ir kitų veiklų. Bet matome, kad skaitymas tampa šiek tiek retas. Todėl turime įvertinti gražų skaitinį. Geros knygos atneša mums didelę psichinę, dvasinę naudą ir per jas atrandame naujus pasaulius. Todėl skaitykite ir skatinkite skaityti.

Klasifikacija festivalyje

Patyriau daugiau nei du šimtus atstūmimų iš leidėjų, literatūros agentų ir filmų prodiuserių. Pasiekiau betikslę pabaigą. Nusprendžiau pati įgyvendinti savo svajonę. Kuriu savo mažyčius namų vaizdo įrašus. Šiandien atėjo elektroninis laiškas iš Tuniso festivalio. Penki atrinkti darbai. Konkursas: 3150 filmų iš 119 šalių. Esu tarp geriausių. atrinkta iš festivalio. Tai toks geras pergalės jausmas. Praėjusią savaitę gavau elektroninį laišką iš Holivudo festivalio režisierės, kviečiančią dalyvauti jos festivalyje. Manau, kad kažkur patekau. Judėkime toliau! Be to, esu išleidusi daug knygų. Ženklas, kad esu labai ryžtingas. Todėl ir sakau: nepasiduokite savo svajonėms, nors kiti tuo netiki.

Mano šeimos situacija sudėtinga. Vienintelis mano šansas rasti meilę būtų paslaptyje ir atskiruose namuose. Sudėtinga, ar ne?

Mano mama mirė 2020 metų rugsėjį. Po to tapau atsakingas už savo namo išlaidas, iš viso palaikydamas keturis žmones. Žinau, kad tai sudėtinga situacija, bet tai vienintelė įmanoma išeitis visiems. Jaučiuosi laiminga, kad galiu padėti savo šeimai. Už tai turiu jų kompaniją. Tačiau aš negaliu turėti jokių rimtų santykių. Kadangi turiu jiems šį finansinį įsipareigojimą, nesijaučiu patogiai būdamas įsipareigojęs kažkam kitam. Bent jau ne dabar. Galbūt ateityje turėsiu galimybių. Taip, aš kovosiu iki galo, kad būčiau laimingas meilėje.

Atsakas mano kritikams

Aš buvau skaitytojas amžinai. Iki penkerių metų jis galėjo rašyti ir demaskuoti laiškus mokykloje. Neturėjau jokių knygų. Mano pirmoji svajonė buvo turėti savo knygą. Bet aš jo neturėjau, nes neturėjau pinigų. Sprendimas buvo eiti į šiukšliadėžę ir pasiimti susidėvėjusias kopijas. Galėčiau gauti didaktikos ir net klasikos. Visas knygas perdirbau. Daug perskaičius, mano svajonė tapo rašymu. Bet kaip skelbti? Neturėjau nei mašinos, nei sąsiuvinių. Ant juodraščių lapų rašiau, kuriuos man davė mokykla. Jis susirinkdavo ir sudėdavo. Tai buvo mano knyga. Pirmasis mano darbas buvo parašytas tyrinėjant Bibliją. Mano klasiokai iš manęs pasijuokė. Jie sakė, kad jūs neturite nuopelnų. Tai nėra jūsų autorystė. Nurijau sausai. Dabar turiu daug publikuotų darbų. Manau, kad tai buvo geras atsakas kritikams. Pirmąjį romaną knygynuose išleisiu po 13 metų ir nežinau, kas nutiks. Viskas, ką žinau, yra tai, kad niekada nepasiduosiu ir prašau jūsų padaryti tą patį. Kiekvienas žingsnis mūsų trajektorijoje yra pergalė.

Mano nuostabus gyvenimo būdas

Mano vardas Aldivan Torres, esu kilmingas mistikas iš šiaurės rytų Brazilijos. Gimęs valstiečiu, nuo mažens turėjau susidurti su gyvenimo sunkumais. Aštuntajame ir devintajame dešimtmetyje buvome septyni žmonės, gyvenantys iš minimalaus atlyginimo. Gyvenome nesaugų gyvenimą, bet badavome.

Ačiū Dievui, turėjau galimybę studijuoti ir pažinti literatūrą per visuomeninį projektą. Tai buvo sunkūs metai, bet aš vedžiau gyvenimą su daug vilčių ir daug ateities perspektyvų. Paauglystėje gyvenau tamsią sielos naktį. Tamsi sielos naktis yra laikotarpis, kai nusigręžiame nuo Dievo ir gyvename nuodėmėje. Šiame etape dykumoje patyriau dideles jėgas, kurios privertė mane pažinti gėrį ir blogį. Šis laikotarpis man buvo labai svarbus, kad suprasčiau savo vaidmenį pasaulyje.

Užaugau, įstojau į koledžą, išlaikiau gerą viešą konkursą ir sunkiau grįžau prie literatūros. Po darbo jaučiausi drąsi tęsti savo svajones, nes dabar turėjau nedidelę galimybę. Bet nieko neatrodė paprasta. Trijuose darbuose, kuriuose dirbau, turėjau santykių problemų, o literatūra buvo mano išsigelbėjimas, nes tai buvo mano asmeninė terapija.

Po septynerių metų naujame darbe likau nuotoliniame darbe. Tai man suteikė daugiau drąsos ir laiko atsiduoti savo literatūrai. Dabar trejus metus dirbu nuotoliniu būdu ir esu labai patenkintas. Nežinau, kada tiksliai turėsiu grįžti prie tiesioginio darbo. Bet kol esu namuose, mėgaujuosi kiekviena akimirka.

Tai 2023 metai. Iki šiol esu išleidęs trisdešimt septynias knygas. Tai jau šešiolika metų literatūrinės karjeros, tarp atėjimų ir išėjimų. Tapau autore, kuri specializuojasi savi pagalbos, kuri sprendžia emocines problemas, srityje. Labai džiaugiuosi šia misija ir tikiuosi atitikti įmonės aukštį. Leidžiu likimui vesti mane per įvykių sroves. Viskas verčia mane tikėti, kad viskas bus gerai.

Lengva atpažinti ištikimus draugus.

Kai buvau jaunesnė, labai klydau dėl draugystės darbe. Pasitikėjau žmonėmis, kurie buvo beverčiai. Vieną kartą turėjau problemų su bendradarbiu. Aš buvau teisus dėl bylos. Bet kiti, užuot mane palaikę, palaikė nusikaltėlį.

Šis įvykis man sukėlė didelį nusivylimą. Jie tiesiog palaikė tuos, kurie nebuvo geri. Taigi, supratau, kad jie nėra mano draugai. Taigi, daugumą jų ištryniau iš savo socialinių tinklų. Tikras draugas yra tas, kuris visą laiką stovi šalia mūsų. Tikras draugas palaiko jus gerais ir blogais laikais. Niekada nesu sutikęs tikro draugo žemėje. Mano didysis draugas yra Dievas, kuris niekada manęs nepaliko.

Visada atiduokite viską, ką galite

Laikas bėga per greitai. Su juo ateina nenuspėjami dalykai, kurie mus dusina, kurie mus įspėja, kurie mus įspėja, kurie mus veda ir veda. Su kiekvienu iš šių dalykų ateina reikalavimai, kurie kartais mus nuima nuo ašies. Tikroji problema yra šauniai išanalizuoti situaciją, pakelti galvą, judėti toliau ir atiduoti viską, ką galite, visiems žmonėms. Nesekime blogais keršto pavyzdžiais. Atleiskime tiems, kurie padarė mums žalos savyje. Tegu evoliucionuoja, pamiršta blogą praeitį ir būna vis geresni. Kiekviena nauja diena yra nauja viltis visiems.

Bus kovos laikai, bet visada yra vilties laimėti

Mūsų gyvenimas yra iššūkių ir kovų seka. Turime būti pasirengę susidurti su kiekviena neganda, kurią gyvenimas iškelia mus aukščiau už mus. Bus kritimų, nesėkmių, nusivylimų, bet ir vilties geresnių dienų. Pasitikėkite, vadovaukitės savo intuicija ir imkitės tolesnių veiksmų.

Aš visada žiūrėjau į kiekvieną problemą, kuri iškilo mano gyvenime. Susidūriau su mažomis ir didelėmis problemomis su šypsena veide. Ir visada buvo sprendimas kiekvienam išskirtiniam mano gyvenimo klausimui. Šiandien jaučiuosi nugalėtoju kiekvienoje gyvenimo instancijoje. Tiesa, meilės pasimatymo neradau, bet išmokau turėti savigarbą. Tapau kiekvieno žengto žingsnio veikėju. Net jei klydau, man nerūpėjo, nes gyvenimas susideda iš klaidų, smūgių, pergalių ir suklupimų. Visa tai yra dalis didžiosios istorijos, kurią Dievas parašė kiekvienam iš mūsų.

Būti dėmesingam yra būtina norint atpažinti ženklus, kuriuos jiems suteikia likimas. Turime vesti save per likimą. Būtent jis atveda mus į teisingą kiekvieno konkretaus ar visuotinio mūsų gyvenimo klausimo tašką. Tai yra tai, ko Dievas nori mums, savo slapčiausia valia ir esmė. Taigi atsiduokite tai didelei jėgai ir niekada nieko neturėkite.

Panaikinkite savo defektus ir įvertinkite savo savybes.

Stenkitės būti geresniu žmogumi kiekvieną dieną. Ištaisykite savo klaidas, padidinkite savo gerus darbus, dirbkite dėl kilnių priežasčių, ir Dievas jus palaimins. Būdami geri žmonės, jūs pjausite gėrio vaisius per grįžimo įstatymą.

Grąžinimo įstatymas tikrai egzistuoja. Ji apdovanoja gerus, bet baudžia blogus. Niekas nepalieka šio pasaulio prieš tai nesumokėjęs skolų. Kitas tikras dėsnis yra traukos dėsnis: Ko tik nori vienas kitam, tu du kartus atsitrauki. Bet jei trokštate blogio, būsite nubausti trigubai.

Jūs negyvenate be rizikos.

Niekada tiksliai nežinome, kas nutiks. Dėl šios priežasties mes aklai gyvename bandymų metodu. Daugelis jūsų projektų neveiks ir yra kitų, kurie kurį laiką pasiteisins, o tada nepavyks. Tačiau esu tikras dėl vieno dalyko: jei nebandysite, tai neturės jokių rezultatų. Taip, nėra prasmės priskirti savo nesėkmę Dievo valiai, nes tai netiesa. Tai lėmė jūsų nesėkmingi veiksmai, blogas planavimas. Tai nebuvo Dievo valia bet kuriuo metu. Dievas palaiko jūsų projektą visais atvejais. Tačiau prastas vykdymas lemia didelius gedimus.

Šiandienos pralaimėjimai paruošia mus rytojaus pergalėms.

Kiekviena situacija mūsų gyvenime yra svarbi mūsų asmeniniam brendimui. Ypač nesėkmės, jos moko mus būti nuolankesnius, efektyvesnius, turėti analitiškesnį ir įtikinamas sąmoningumą, būti kantriems, atkakliems ir tolerantiškiems. Viskas, kuo gyvename šiandien, kuria mūsų rytojaus ateitį.

Per šiuos beveik keturiasdešimt gyvenimo metų išgyvenau puikius laikus. Visos šios patirtys man suteikė didelę gyvenimo išmintį ir leido statyti emocines pilis. Kiekviena iš šių emocinių pilių įvairiose gyvenimo srityse man sako, kad kiekviename savo projekte turiu būti vis efektyvesnis. Esu teisingame kelyje ir kiekvieną dieną matau, kad padariau didelę pažangą. Taip, galima augti daugelio nusivylimų viduryje.

Nesigailiu dėl savo pasirinkimų. Jei reikėtų rinktis dar kartą, daryčiau tą patį. Neištrinčiau jokių kančių ar pergalių, nes tai yra gyvenimo dalis. Su kiekviena iš šių situacijų išmokau vertinti save ir mintyse turėti teisingus tikslus. Viskas vyksta su Dievo malone.

Nepaisant didelių nusivylimų, manau, kad gyvenimas yra to vertas.

Buvau labai nelaimingas žmogus, ypač įsimylėjęs. Manau, kad tai nėra bloga sėkmė, esmė ta, kad aš nesilaikau priimtinų standartų mylinčiame pasaulyje. Kadangi nesu patraukli, visi žmonės mane atmetė kaip galimą mylinčią porą, ir tai mane ilgą laiką liūdino.

Tačiau su patirtimi, kurią turiu šiandien, jaučiuosi ypač gerai. Esu laimingas vienišas, gerai nusiteikęs ir darbštus. Niekas man netrukdo būti laimingam, nes savyje turiu laimės jausmą. Kai norime būti laimingi, niekas negali mūsų sustabdyti. Vienatvėje radau puikią priežastį toliau priešintis. Vis mąstau apie savo misiją ir matau, kad einu teisingu keliu.

Visi nusivylimai, kuriuos patyriau, buvo esminiai, kad geriau suprasčiau save. Išmokau žavėtis savo pastangomis, svajonėmis, troškimais, tikslais ir santykiu su Dievu. Supratau, kad man nieko netrūksta, nepaisant tiek daug suklupimų. Būtų nesąžininga visatos atžvilgiu, jei turėčiau viską. Man nereikia turėti absoliučiai visko. Tiesą sakant, man nereikia beveik nieko, kad egzistuočiau.

Niekas nėra amžinai.

Meilės iliuzija yra tikėti, kad romantika bus amžinai. Visiškai nieko nėra amžinai, net mūsų gyvenimas. Viskas turi pradžią, vidurį ir pabaigą. Taigi, gyvenkite kiekvieną meilės akimirką taip, tarsi ji būtų paskutinė. Kol trunka meilė, mėgaukitės malonumo akimirkomis, kelionėmis, laimingomis atostogomis, pokalbiais, pagaliau gyvenkite taip, kaip reikėtų gyventi. Tinkamu metu visa tai baigėsi, ir jūs bandysite pradėti iš naujo kitur.

Nežaiskite su kitų žmonių jausmais. Santykiuose būkite ištikimi ir tikri. Kodėl meluoja? Nereikia skaudinti vienas kito. Kai esame sąžiningi vienas kitam, galime užmegzti su juo draugystę net ir pasibaigus romanui. Tai bus atmintyje tik geri laikai, kuriuos gyvenote.

Niekada neturime pasiduoti gerindami pasaulį

Gyvename sudėtingame pasaulyje. Mes turime pasaulį su nuolat vykstančiomis blogybėmis. Tačiau tegul tai netrukdo jums tobulėti ir ieškoti geriausio jums ir pasauliui. Jei visi mąstys pozityviai, galėsime sukurti malonesnę planetą gyventi.

Vienybė iš tiesų suteikia stiprybės. Jei susibursime į gera, viskas tikrai gali klostytis geriau. Bus situacijų, kurios privers jus pasiduoti, bet niekada to nedarykite. Tikėkite savo potencialu ir tęskite savo misiją. Ateityje jūs pjausite jo gerumo vaisius. Grąžinimo įstatymas visada galioja.

Prireikus imkitės veiksmų

Būtent blogiausiomis mūsų gyvenimo akimirkomis mums reikia paramos ir patarimų. Mums reikia tikrų draugų ar bendražygių, kurie mus nudžiugintų, patartų ir prisiglaustų. Ši apvaizdos pagalba yra tai, kas verčia mus tikėti geresniais laikais.

Man tai nelabai pasisekė. Iki tos akimirkos galėjau turėti tik savo šeimos palaikymą. Kiti nepažįstami žmonės yra toli nuo manęs ir jiems mažai rūpi aš. Bet dažniausiai taip ir yra. Pasaulis sukasi taip greitai, jis vos mums rūpi. Turime suprasti ir priimti šią vidinę vienatvę, kurią patiriame.

Būtina žinoti, kaip suprasti pasaulį stebint.

Pasaulis yra milžiniškas ir nuolat laukia mūsų stebėjimo: upės, paplūdimiai, ūkiai, miestai, miesteliai, kaimai, kalnai ir kiti gamtos reiškiniai. Kai suprantame pasaulį, galime geriau suprasti savo troškimus ir rūpesčius.

Kai garbiname ramybę, jaučiame geras energijas, kurios mus nuolat užplūsta ir užlieja. Taigi neprieštaraukite niekam. Naudokite patikimą dialogą, kad sudarytumėte taiką su kitais ir padėtumėte jiems vystytis.

Nenuvertinkite vargšų, silpnųjų ar skurstančiųjų

Visada padėkite tiems, kuriems to labiausiai reikia. Padėkite visiems, ką galite, nes Dievui tai patinka. Tačiau nesakykite kitiems savo gerų darbų ar nesijauskite pranašesni už pagalbą. Niekada tiksliai nežinai, kokia mūsų ateitis ir ar tau reikės kokios nors pagalbos.

Jauskitės laimingi galėdami padėti, bet visada saugokite savo paslaptį. Nežeminkite nieko turėdami geresnes finansines sąlygas. Pažemintieji bus išaukštinti, sako Biblija. Grąžinimo įstatymas bus negailestingas prieš jus, jei padarysite tam tikrą neteisybę vargšams.

Būkite atviri naujoms situacijoms, patobulinimams ir supraskite kitas situacijas

Konceptualizuoju laisvo proto žmogų, tą šiuolaikinį žmogų, atvirą naujoms situacijoms, tolerantišką, supratingą ir atlaidų. Jei pasieksite tokį evoliucijos laipsnį, būsite pasirengę būti laimingi ir padaryti savo kompanioną laimingą.

Deja, mano šeimos nariai turi uždarą protą. Jie yra senamadiškas žmonės, kurie laikosi išankstinių nusistatymų ir senų dalykų. Pasaulis daug kartų pasuko ir jie ir toliau turi tą pačią nuomonę kaip visada. Nėra prasmės norėti juos pakeisti. Aš, skirtingai nei jie, esu žmogus, turėjęs prieigą prie kultūros, naujų politinių, kultūrinių ir filosofinių apraiškų. Suprantu, kad pasaulis yra daugiskaitinis ir turi teisę į saviraiškos laisvę. Taigi būk kaip aš, žmogus, kuris nėra religinis fanatikas ar daug mažiau išankstinis nusistatymas. Gyvenkite pagal įvairovę, kuri egzistuoja pasaulyje.

Kol gyvensiu, tol darysiu gera žmonėms.

Tiksliai nežinau, kiek laiko gyvensiu ant žemės paviršiaus. Bet kol turėsiu gyvenimą, ketinu išlikti tuo pačiu geru žmogumi, koks buvau iki šiol. Nebe taip, kaip gyvename, neverta išnaudoti savo gyvenimo tam, kad sužlugdytumėte, sukeltume nesantaiką, nusidėtume ar pakenktume kitiems.

Vienintelis tikrumas, kurį turime, yra mirtis. Kadangi mirtis yra tikra, kodėl gi nepasinaudojus dabartiniu momentu, kad padarytumėte gera? Ypač gera prisidėti prie teisingesnės, sąžiningesnės, labiau egalitarinės, mažiau nelygios planetos, turinčios daug galimybių kitiems. Tai, ką mažai darome dėl kitų, labai keičia vienas kito gyvenimą.

Kol negirdėsime savo vidaus, liksime nelaimingi.

Medituodami ir apmąstydami, mes diskutuojame su savo interjeru ir suprantame tikruosius jų poreikius. Kai turime emocinę pusiausvyrą ir giliai pažįstame vienas kitą, darome didžiulius gyvenimo kokybės šuolius.

Visada turėjau labai stiprią intuiciją ir ji mane veda priimant sprendimus. Šiandien esu transformuotas žmogus, nes tiksliai žinau, ko noriu ir kokių kovų turiu turėti gyvenime. Taigi, atlikite vidinę realių pergalės šansų savo gyvenime analizę ir judėkite toliau.

Peržiūrėkite savo projektus.

Jei jūsų planai nepasiteisino, laikas pažvelgti į savo projektus. Įsitikinkite, kad tai tikrai įmanoma, nes jei taip nėra, geriau pakeiskite savo planus. Taip, nėra prasmės metų metus reikalauti to, kas jums nebus naudinga.

Atlikite vidinę analizę, eikite geriausiu keliu ir būkite laimingi. Taip, geriausios galimybės gali būti prieš mus, o mes nematome, nes reikalaujame nepavykusių projektų. Tada suskaičiuokite savo intuiciją.

Prieš kaltindami apmąstykite savo veiksmus.

Mes visi esame ydingi savo veiksmuose. Tačiau daugelis kritiškai vertina kitų žmonių gyvenimą, nes jie turi tobulą gyvenimą. Daugelis žmonių mano, kad jie yra pranašesni ir proto savininkai, jie gyvena iliuzija, kad jie niekada nepavyks. Tačiau jūs turite būti prisijungę prie realybės.

Stenkitės mažiau kritikuoti ir daugiau tobulėti. Stenkitės rūpintis savo gyvenimu ir mažiau rūpintis kitu. Labai malonu matyti vienas kito laimę ir linkėti dar daugiau laimės. Labai malonu matyti, kaip mūsų broliai pildo svajones. Taigi, užuot kritikavę, būkite palaikymo taškas kitų gyvenime.

Kai padarysite klaidą, imkitės jos.

Daugelis žmonių, kai daro klaidas, apsimeta, kad viskas gerai, arba tiesiog atsisako pripažinti, kad jie buvo problemų priežastis. Taip, šiuo metu labai ramu. Jei padarėte klaidą, tai visiškai normalu. Tai nebus pirmas ar paskutinis kartas, kai praleisite.

Kai suklydau, imu klaidą ir bandau ją ištaisyti. Klaidos neigimas neduos jums jokios naudos. Priešingai, jis užrakins jus netikrame kalėjime ir jūs niekada neišgydysite. Turite pripažinti klaidą, pradėti iš naujo ir kelis kartus pabandyti padaryti klaidą mažiau. Darykite tai natūraliai, be per daug reikalavimų.

Būkite supratingi su visais.

Jūs turite žinoti, kaip elgtis su žmonėmis kiekvienoje aplinkoje, į kurią einame. Visur, kur eisime, bus gerų ir blogų žmonių. Taigi iš esmės turėtumėte naudoti savo toleranciją visiems jiems.

Tarp šių žmonių bus žmonių, panašių į draugus, žmonių, panašių į kolegas, žmonių, kuriuos turite giminystės ryšių, žmonių, kurie jums nepatinka, arba žmonių, kurie jūsų nekenčia. Kiekviena iš šių grupių išprovokuoja jus skirtingomis reakcijomis. Iš tiesų, tai yra iššūkis gyventi su tokiomis antagonistinėmis grupėmis mūsų kasdieniame gyvenime.

Turėjau daug sunkumų gyvendamas su kitais žmonėmis, nes buvau GLBT grupėje. Kiekvienoje gyvenamojoje erdvėje, kurioje lankiausi, jaučiau pasipriešinimą savo buvimui. Taip pat jaučiau išankstinius nusistatymus, sklindančius iš visur. Kaip liūdna būti persekiojamos visuomenės mažumos dalimi. Tiesą sakant, mes neturime kuo pasitikėti už savo šeimos rato ribų. Bet, ačiū Dievui, man viskas gerai. Išsiugdžiau savigarbą ir turiu su savimi savo laimę.

Visada išlaikykite ramybę

Visada išlikite ramūs. Kai dėl kokių nors priežasčių jaučiate pyktį, neapykantą ar sustiprėjusią meilę, prieš imdamiesi bet kokių veiksmų kvėpuokite tris kartus. Mes dažnai laikomės kraštutinių nuostatų, nes esame emociškai nekontroliuojami. Dažnai apgailestaujame dėl savo požiūrio, tačiau žala jau padaryta.

Esu labai kontroliuojamas žmogus su savo emocijomis. Bet prisipažinsiu, kad kartais išeidavau iš kontrolės dėl kitų žmonių provokacijų. Taigi, kiek jūs turite emocinę kontrolę, labai tikėtina, kad tam tikromis progomis ji taps nekontroliuojama.

Išdidūs žmonės niekada neturi visiškos sėkmės.

Pasididžiavimas yra blogiausias jausmas, kurį žmogus gali jausti. Tie, kurie didžiuojasi, visada jaučiasi pranašesni už kitus ir negerbia nuolankiausiųjų. Bet kodėl taip jaučiasi? Žmogus yra tik kirminas, turintis nustatytą galiojimo laiką. Visi pinigai, grožis, šlovė, kurią turite, yra už jūsų. Mūsų tikrasis likimas yra mirtis. Po mirties iš šio pasaulio nieko nelieka.

Jei visi turėtų mirties sąžinę, mes darytume geriau ir darytume mažiau klaidų. Būtume labdaringesni, daugiau keliautume, rytojui neišeitume to, ką galime padaryti šiandien. Mirtis neišvengiama, tačiau atrodo, kad daugelis jos nesupranta.

Žinokite, kaip atpažinti savo ištikimą draugą.

Saugokitės netikrų draugų. Žinokite, kaip per požiūrį atpažinti, kas jums tikrai patinka. Niekada nepasitikėkite tais, kurių nepažįstate. Kai tai darome, turime didelę tikimybę save nuvilti.

Visi nusivylimai, su kuriais susiduriame gyvenime, yra puiki pamoka. Mūsų tikroji meilė yra iš Dievo ir mūsų tėvų. Išskyrus tai, labai sunku turėti tikrą jausmą iš kito pusės.

Nėra sėklos, kad mes vienas kitą sulaikytume, mes niekada nesame vienodai abipusiai. Taigi būkite nepaprastai atsargūs su klaidingais lūkesčiais. Geriau padėti nesitikint nieko mainais.

Eiti gėrio keliu yra geriausias pasirinkimas.

Mes atgavome būtent tai, ką pasodinome. Taigi, jei dirbame gera, esame palaiminti viskuo, ką darome savo gyvenime. Bet jei sąmoningai darysime blogį, gero likimo neturėsime.

Iliuziška tikėti, kad blogiečiai turi gerą likimą. Mūsų pačių sąžinė yra pirmoji, kuri mus smerkia. Jei darai blogį, neturi nė minutės ramybės. Jei darai blogį, nieko gero nedaryk. Jūsų likimas yra pragaro ugnis kartu su velniu ir jo angelais.

Kelionė į arkliukas rajoną

Po mėnesio bandymo gauti automobilį ir vairuotoją vykti į gražų arklių rajoną, mes pagaliau tai padarėme. Palikome vilties kaimą ir pasukome Br 232 plentu. Esant nedideliam automobilių eismui, padarėme gražią ir ramią kelionę į tikslą.

Vaikščiojome ratais arkliais, kol gavome teisingą informaciją, kur yra mūsų motinos tetos namai. Atvažiavome, pasibeldėme į duris, buvome pasveikinti ir pradėjome kalbėtis su artimaisiais. Po dviejų valandų paskambinau savo koledžo kambariokai, o ji atėjo manęs pasitikti po dešimties metų nematydama viena kitos.

Tai buvo geri pokalbiai šią palaimintą sekmadienio popietę. Po to greitai apžiūrėjome rajoną, kuriame sutikome pagrindinę bažnyčią, pagrindinę aikštę ir dabar nebeveikiantį užmiesčio klubą. Mes fotografuojame ir laikome jį kaip suvenyrą. Netrukus po to išėjome su nuplauta siela. Tai buvo mano pirmoji kelionė pas mutantą per beveik keturiasdešimt mano gyvenimo metų. Galbūt vieną dieną grįšiu į šį svarbų rajoną, kuriame gyvena beveik dešimt tūkstančių gyventojų. Bet šiuo metu neturiu jokių planų šiuo klausimu.

Kažkas gali pavogti jūsų darbą, jūsų vaikiną ar jūsų turtą. Vienintelis dalykas, kurį kiekvienas gali iš jūsų atimti, yra jūsų studijos ar žinios.

Jūsų studijos, žinios ir intelektas yra turtai, kuriuos užkariavote ir kurių niekada neprarasite per visą savo gyvenimą. Tiesą sakant, viskas šiame gyvenime yra neaiški: darbas, meilė, jūsų pinigai, pasitikėjimas, beveik viskas neaišku. Tačiau jūsų profesiniai sugebėjimai ir kvalifikacija visada išgelbės jus bet kokioje situacijoje.

Studijavau iki aukštesnės specializacijos lygio, studijavau kalbas, informatiką, tyrinėju žmonijos istoriją, užsiimu literatūra, muzika ir kinu. Visi mano pasiekimai lieka su manimi laikui bėgant. Taigi nesijaudinkite dėl to, su kuo susiduriate gyvenime. Siekite žinių ir jis jus išlaisvins ir išgelbės nuo blogiausių apgaulių.

Žemėje nėra tobulumo. Todėl mūsų vienintelis mokytojas turi būti Dievas.

Gyvenime išgyvename keletą patirčių. Mes išlaikėme įvairius studijų laipsnius, gyvenimo meistrus, patarėjų giminaičius ir dvasinius vedlius. Viskas, ką mes iš tikrųjų išgyvenome, yra kažkas, ką reikėtų apsvarstyti. Bet mes turime suprasti, kad jie nėra tobuli. Todėl neturėtume vadovautis jų klaidingu požiūriu. Šiuo metu mums reikia giliai įkvėpti, medituoti ir tinkamai kontroliuoti emociją. Pasinaudokite savo intuicija, kad suprastumėte, ko Dievas iš mūsų reikalauja kiekviename mūsų gyvenimo etape.

Visi turime svarbių žinių.

Nebūkite nusistatę prieš nė vieną iš žmonių dėl jų žinių ar studijų laipsnio. Kiekvienas, nuo neraštingų iki gydytojų, turi tam tikrų žinių, reikalingų pasauliui. Taip pat nėra kultūros, kuri būtų mažiau svarbi už kitą. Visos kultūros prisideda prie mūsų Brazilijos kultūros turtingumo, kuris yra viena iš svarbiausių kultūrų pasaulyje.

Šiandien gyvename technologijų pasaulyje. Mes visada esame bombarduojami informacija ir įvairiomis kultūrinėmis apraiškomis per internetą. Visa tai papildo mūsų kultūrines žinias. Taigi, palaikykime bet kokią meninę apraišką ir reikalaukime viešosios politikos jos atžvilgiu. Nepaprastai liūdna suprasti, kad Brazilijos kultūra vis labiau pamirštama ir mažiau svarbi, nei turėtų būti iš tikrųjų.

Kančios principas yra mūsų klaidingi pasirinkimai.

Galbūt jūs to nesuvokiate, bet jūsų dabartinės kančios yra jūsų praeities klaidingų pasirinkimų rezultatas. Gyvenimas yra ciklinis grįžimo procesas. Mes kuriame savo ateitį dabartyje ir gyvename dabartimi, atspindėdami save praeities faktais. Taip, faktų seka mus veda gyvenime, ir neišvengiama patirti pasekmes.

Taigi, jei norite gauti laimę ir sėkmę, siekite savo dabartinio darbo. Galų gale, tai, ką sodinate, bus nuimta arba gera, arba bloga. Todėl paprasta suprasti, kad jūs esate atsakingas tik už savo likimą.

Nesijauskite kalti dėl to, kas jūsų nekontroliuoja.

Yra dalykų, dėl kurių esame iš dalies kalti, yra dalykų, kuriuose nedalyvaujame ir kurie mus kaltina, ir yra dalykų, kurie nutinka atsitiktinai ir vis dar mus kaltina. Tai reiškia, kad mes nesame pagrindinis veiksnys, sukėlęs negalavimą. Tokiose situacijose nesutikite, kad jie jus kaltina. Ginkite savo požiūrį ir parodykite, kad nebuvote pagrindinė fakto priežastis.

Šie kaltės klausimai kyla šeimoje, darbe ir socialiniuose renginiuose. Jie visada ieško kaltininko tam, kas neišvengiama. Tačiau pirmuoju atveju galime šiek tiek pagerinti savo veiksmus savo požiūriu, kad išvengtume problemų.

Mane labai vertino pagal darbo vietas. Kiti sugalvojo absurdiškas taisykles, kad kaltintų mane dėl įvykių. Taigi, turėjau pasiduoti darbo spaudimui, kylančiam dėl to, kad mano pozicija buvo prastesnė. Dėl šių ir kitų darbo trūkumų esu tikras, kad jūsų geriausias pasirinkimas yra turėti savo verslą. Buvimas savo viršininku suteiks jums daugiau laisvės nei bet kas. Tačiau jei jaučiate, kad jūsų darbas yra kažkas labiau fiksuoto, likite darbe.

Nelaikykite nuoskaudos prieš nieką.

Nėra prasmės laikyti nuoskaudą širdyje. Tačiau iš tikrųjų yra dalykų, kurie yra pažymėti mūsų prisiminimuose ir apie kuriuos neišvengiama galvoti. Tokiais atvejais būtina atlikti psichinį derinimą, kuris leidžia mums lengvai gyventi.

Per beveik keturiasdešimt gyvenimo metų mane tikrai skaudino dalykai. Dauguma dalykų, kurie mane įskaudino, buvo susiję su atmetimu ir darbu, kurį atlikau per visą savo profesinę karjerą. Tai buvo dalykai, kurie mane pažymėjo amžinai ir kurių nesitikėjau patirti.

Bet kadangi tai buvo neišvengiama išgyventi, šiais laikais viską priimu šauniai. Gerbiu savo artimą, net jei jis manęs nemėgsta. Aš gerbiu savo artimą, net jei jis yra mano paskelbtas priešas. Tačiau stengiuosi atsiriboti nuo to, kas mane skaudina, kad išvengčiau tolesnio diskomforto.

Nepasakyčiau, kad man skauda viską, ką patyriau, bet turiu prisiminimų, kurie man rodo, kad nebegaliu pasitikėti savo kankintojais. Net jei jie nori priartėti, nieko nebus taip, kaip anksčiau. Štai kodėl jie net nesiartina. Su dauguma jų net nekalbu. Kai pradėjau dirbti nuotoliniu būdu, darbiniai santykiai tapo tolimi ir nejautrūs. Viena vertus, tai man buvo palengvėjimas. Kita vertus, pasiilgstu žmogiškos šilumos ir socialinių konstrukcijų, kurias atlikau lankydamasis darbe. Bet kaip sakoma, mes laimime vienoje pusėje, o kitoje pralaimime per savo pasirinkimus.

Mes nemokame už praeities gyvenimo klaidas.

Kiekvienas gyvavimo ciklas turi pradžią, vidurį ir pabaigą. Po to ateina paskutinis teismas ir dvasiniai išbandymai. Jei reikės, grįšime į sausumą per nuoseklias reinkarnacijas. Bet mes nemokame už klaidas iš kitų gyvenimų. Neteisinga priskirti savo dabartines kančias dėl praeities gyvenimo klaidų. Būtent mūsų aktyvūs cikliniai veiksmai (karma) skatina sėkmę ar nesėkmę.

Tai, kad man nepavyko įsimylėti, nebuvo mano karmos problema. Yra, kaip ir aš, milijonai žmonių, nepatenkintų meile ar tiesiog vienišų. Sakyčiau, kad man nepavyko įsimylėti vardan to, kad apsisaugočiau nuo galimų sukčiavimų. Kai saugome save, į savo gyvenimą nieko neįleidžiame.

Tiksliai nežinau, kokia mano ateitis. Tačiau esu tikras, kad ir toliau puoselėsiu Dievo meilę, meilę sau ir savo šeimos meilę. Esu be galo patenkinta savo gyvenimu, nors esu viena. Turiu savo kūrybą, turiu savo literatūrą, keliauju, apsipirkinėju, gerai valgau, turiu gražių drabužių ir batų, turiu ypač gerą protą. Mano puiki rašymo terapija veda mane prie įspūdingų rezultatų. Jei ne literatūra, būčiau išprotėjęs dėl tiek daug nusivylimų gyvenime. Todėl rekomenduoju rašyti kaip meną, kuris turi būti plėtojamas lygiagrečiai psichologiniam gydymui.

Nesivelkite į taisykles, kurkite savo etiką.

Mes, kaip piliečiai, turime laikytis bendrų gero draugiškumo taisyklių. Bet kaip asmeninė sąžinė turime kurti savo normas. Jei kitiems tai nepatinka, tai jų problema. Tai yra vienas kito asmeninės laisvės dalis.

Visada pabrėžiu mūsų laisvą valią, taigi ir laisvę. Jei niekam nekenkiame, turėtume elgtis toliau.

Visada turėjau labai gerą etiką. Aš visada įsidedu save į vienas kito batus ir stengiuosi tavęs neįskaudinti. Bet kiti man to nedaro. Kiti laužo mano psichologiją, skaudina žodžiu. Dvasinė evoliucija yra manyje, bet ji nėra kitoje. Tai sukelia didelį konceptualų neatitikimą.

Visuose savo meilės atmetimuose ir nesėkmėse buvau įskaudintas gana blogai. Aš kentėjau visas šias progas, ir man prireikė šiek tiek laiko, kol atsigavau. Nebuvo lengva mylėti ką nors iš tikrųjų ir jaustis kaip šlamšto gabalas. Tai buvo tokia graži ir tokia vertinga meilė. Tačiau tai baigėsi paprastu neapgalvotu kito veiksmu. Tačiau gyvenimas, kuris seka. To fakto jau seniai nebėra.

Nevertinkite grožio. Reikšmės simbolis

Viskas šiame pasaulyje yra trumpalaikė. Viskas, ką statome žemėje, su laiku išsisklaido. Taigi, kokia tikroji gyvenimo prasmė? Daugelis žmonių gyvena skubėdami dėl pinigų, šlovės ir sėkmės. Ar tai verta? Žinoma, tai nėra verta. Žmonėse turime vertinti tikrąsias sielos dorybes: meilę, gerumą, dosnumą, džiaugsmą, supratimą, toleranciją, pagarbą, bendradarbiavimą, vienybę, tikėjimą ir viltį.

Yra dalykų, kurių pinigai tiesiog neperka. Niekas neperka draugystės, meilės, meilės ir nuoširdaus jausmo. Tai tiesiog veržiasi į mūsų širdis ir parodo mūsų požiūrį į kitą žmogų: apkabinimas, meilė, rankos paspaudimas, netikėta dovana, šeimos pietūs, kelionė, trumpai tariant, yra daugybė būdų parodyti meilę.

Esu tikras, kad mūsų tikrasis turtas yra turėti Dievą galvoje, mylėti save ir turėti savo bendražygį šalia. Daug žmonių negali turėti viso to vienu metu. Galime pasakyti, kad šie gyvenimai yra šiek tiek liūdnesni už kitus. Tačiau nėra neįmanoma ramiai ir laimingai gyventi.

Priimkite mirtį kaip neišvengiamą mūsų visų likimą.

Nuo tada, kai gimėme, pradėjome ciklą, kuris pagaliau buvo mirtis. Tiesą sakant, mirtis yra vienintelis tikrumas, kurį turime gyvenime. Visi kiti su gyvenimu susiję dalykai yra neaiškūs. Tačiau mirtis laukia visų. Sveika negalvoti apie mirtį, nes mes jos nekontroliuojame. Gyvenkite kiekvieną dieną, kiekvieną akimirką, maloniu būdu. Nedarykite didelių ateities planų. Suplanuokite savo tikslus per metus, net jei esate jaunas.

Manau, kad mirtis yra vartai į geresnį ir teisingesnį pasaulį. Tai teismo metas, kai visi žmonės bus teisiami už savo poelgius. Kiekvienas pjaus tai, ką pasodino per savo gyvenimą, nei daugiau, nei mažiau. Taigi, analizuokite savo veiksmus, tobulėkite kaip žmogus ir būkite laimingi.

Rūpestingai rūpinkitės savo vaikais.

Šeimos ugdymas yra ypač svarbus dalykas, kad vaikai mokytųsi ir augtų su geromis dorybėmis. Tėvų pareiga yra mokyti savo vaikus Dievo keliu, sąžiningumo keliu ir žinoti, kaip elgtis visuomenėje. Kai auginame vaikus, kurie moka mąstyti, jie yra žmonijos ateitis.

Turėjau protingą išsilavinimą. Sakau protingai, nes mano tėvai buvo per griežti ir dažnai mane mušdavo kaip korekcijos formą. Kartais nesuteikdavau jiems priežasties trenkti man ir nesuprasdavau, kodėl buvau nubaustas. Bet jie tikrai išmokė mane būti geru žmogumi. Mokykla man taip pat padėjo tapdama žmogumi, gerbiančiu įvairovę ir kitų pasirinkimą.

Esu skolinga viską savo mokytojams, kurie parodė, kad žinau, jog galiu pasiruošti darbo rinkai. Užaugau, sustiprėjau ir išmokau dirbti. Dėl savo sugebėjimų buvau patvirtintas keliuose viešuosiuose konkursuose ir šiuo metu einu valstybines pareigas – tai veikla, analogiška literatūrai. Visa tai man parodė, kad mūsų studijos ir žinios yra vienintelis mūsų įrankis augti, vystytis ir tapti visaverčiu žmogumi.

Niekada nenorėk to, kas tau nepriklauso.

Kad ir koks nuobodus, nesėkmingas ar neramus būtų jūsų gyvenimas, jūs nepavykite kitų sėkmės. Jūs nenorite sunaikinti kitų, kad jaustumėtės laimingi. Jie turi, nes kovojo už tai ir siekia atlygio. Sekite jų pavyzdžiu ir taip pat dirbkite.

Kai buvau jaunesnis, jaučiau šiek tiek pavydą artimiesiems, kuriems sekėsi. Bet tada apmąsčiau ir supratau, kad turiu teisę ir į sėkmės vietą. Taigi, ėjau ieškoti savo likimo. Įstojau į koledžą, lankiau viešuosius konkursus ir pradėjau dirbti. Mano darbas nebuvo geresnis už šį giminės darbą, bet jaučiausi laimingas, nes radau tai, kas atitiko mano intelektinius sugebėjimus. Tai buvo mano pačios pasiekimas.

Todėl sėkmė yra teisinga visiems, kurie jos siekia. Kai kurie turi didelių laimėjimų ir kitų nedidelių sėkmių. Bet kiekvienas savyje yra žvaigždė, turinti naudingą funkciją visuomenei. Niekada nenuvertinkite savo amato, nes tai padeda kam nors gauti tam tikrą paslaugą.

Sukūriau įsivaizduojamą pasaulį, kad jausčiausi gerai.

Po daugelio atmetimų normalu, kad mano psichika buvo sunaikinta. Taigi, pakėliau galvą ir judėjau toliau. Tikiu viltimis, kad kartais tai ateina į galvą. Tai mano kuras pragyvenimui.

Mano didelės svajonės verčia mane keltis kiekvieną dieną. Su kiekvienu pasiekimu, kurį gaunu, jaučiuosi laiminga. Laikui bėgant ketinu išmesti vienus daiktus, o kitus sudėti į vietas. Taigi, aš ketinu gyventi savo paprastą gyvenimą su dideliu malonumu. Galiu jums pasakyti, kad verta tikėti savo svajonėmis. Manau, kad mes tikrai galime įgyvendinti savo svajones, net jei jų išsipildymas užtrunka ilgai.

Esu laimingas kiekvieną prabėgusią dieną ir nesigėdiju būti tuo, kas esu. Turiu gražią trajektoriją, kuri prasidėjo sode kaip valstietis ir šiandien tapau rašytoju, turinčiu svarbų literatūros kūrinį. Savo gyvenimą seku su daug vilties ir jauna siela. Taigi, jei turite svajonę, niekada jos neatsisakykite. Jūs sugebate pasiekti tai, ko visada norėjote.

Šventasis Raymondas iš Penyafort
Vaikystė ir paauglystė
Penyafort pilis- Barselona- Ispanija

Penyafort pilis buvo viena spalvingiausių Barselonos pilių, kurioje gyveno garsiųjų buvusios Ispanijos karūnos grafų kilmės. Viena iš Gisele ir Tomasz Penyafort sudarytų porų buvo pasirengusi priimti savo pirmojo vaiko Raymondas Penyafort atvykimą.

Akušerio

Berniuko atėjimas, ponia. Jis atkakliai kovojo, kad debiutuotų pasaulyje. Jis vis arčiau ir arčiau. Žiūrėk, jis labai gražus berniukas.

Tomasz

Koks nuostabus berniukas tėtis. Netrukus paaiškėja, kad jis yra teisėtas Penyafort šeimos narys. Labai didžiuojuosi tavimi, sūnau. Sveikas atvykęs.

Gisele

Aš irgi laimingas, mano meilė. Tai mūsų vakarinių susitikimų vainikavimas. Jis ateina pralinksminti ir suteikti naują prasmę mūsų gyvenimui. Labai juo džiaugiuosi.

Akušerio

Štai tavo sūnus. Nuo šiol tai yra jūsų atsakomybė. Rūpestingai juo rūpinkitės, suteikite jam gerą išsilavinimą, suteikite finansinę paramą, pagaliau paverskite šio mažylio gyvenimą kažkuo naudingu visatai. Iš to, ką matau, jūs turite viską, kad būtumėte puikūs tėvai. Sėkmės, mano mielieji.

Gisele

Esame dėkingi už jūsų palaikymą ir pagalbą. Jūs esate neatsiejama tos svajonės dalis. Aš ketinu šiek tiek pailsėti ir netrukus man bus gerai. Turiu būti pasirengęs susidurti su šia nauja situacija savo gyvenime. Tai nebus lengva, bet tai bus pelninga. Labai ačiū jums visiems.

Trijulė sveikina mano mamos iniciatyvą. Po dviejų valandų jie buvo pasiruošę eiti namo. Tai buvo nauja meilės pradžia tai aristokratiškai porai. Ypač sėkmės jiems.

Po penkerių metų

Praėjo penkeri metai be didelių naujienų. Berniukas, kuriam jau penkeri metai, pradėtų lankyti mokyklą, kad pradėtų savo pagrindines studijas, filosofiją ir teisę. Jo svajonė buvo tapti puikiu advokatu.

Taip jis nuvyko į pirmąją mokyklos dieną vietinėje mokykloje. Savo tėvų kompanijoje jis susidūrė su tam tikromis negandomis vežime, kol pasiekė didelį Penyafort mokyklos pastatą.

Buvo pirmas visų pasveikinimo momentas. Tada tėvai išėjo ir paliko mažą berniuką klasėje su kitais klasės draugais. Kalbėjo mokytojas:

Mokytojas

Sveiki atvykę į mano kabinetą, mano mažieji herojai. Aš esu profesorius Heloise. Šiais mokslo metais dirbsiu su jumis su daug meilės, atsidavimo ir atsidavimo. To paties tikiuosi ir iš jūsų. Be profesinių santykių, norėčiau draugiškai bendrauti su jumis visais. Ypač gerai, kad dirbate harmonijos ir keitimosi žiniomis vietoje.

Raimundas

Aš padarysiu viską, ką galiu, profesoriau. Norėčiau tapti puikiu filosofijos ir teisės magistru. Tam galiu parašyti ir esu perskaičiusi keletą knygų šia tema. Taip pat ypatingą dėmesį skiriu religingumo klausimui, kuris mane labai domina, įkvepia ir intriguoja.

Mokytojas

Gerai, mielas studente. Džiaugiuosi, kad taip stengiatės. Aš padarysiu viską, kad padėčiau jums šiame žinių kelyje. Manyje turėsite puikų bendradarbį. Man patinka šie dalykai. Kalbant apie kitus, jie taip pat gali būti ramūs. Per mokslo metus turėsime galimybę pamatyti keletą svarbių klausimų. Pažadu jums duoti viską, kas geriausia iš manęs.

Mokinys

Gerai, profesoriau. Taip mes visada svajojame ir trokštame.

Visi ploja ir prasideda inauguracinė klasė. Kiekviename buvo nervingumo ir nerimo mišinys, tačiau tai netrukus buvo įveikta. Per pastebimai trumpą susibūrimo laiką jie jau buvo gerai susipynę. Prasidėjo puiki žinių kelionė, kuri būtų naudinga visiems. Sveikiname visus, prisidėjusius prie šio darbo.

Po kurio laiko

Raymondas tapo neįtikėtinai jaunu mokslininku. Per visą savo mokyklinę karjerą jis buvo įsipareigojęs įgyti žinių. Tada, su dideliu mūšiu, jis turėjo sėkmę, kurios nusipelnė. Jis baigė teologijos ir filosofijos daktaro laipsnį. Jis įsidarbino Barselonoje ir ten persikėlė.

Barselonoje jis pradėjo dirbti religiškai ir švietėjiškai. Jis turėjo daug sėkmės ir pasekėjų. Dėl nedidelės problemos jis vėl persikėlė. Jis išvyko vykdyti Kristaus tarnystės Bolonijos mieste, Italijoje. Jis daugiau nei dešimt metų tarnavo Kristui.

Jis turėjo ypatingą darbą atversti pavergtas mažumas į krikščionybę. Jo pastoracinis darbas yra veiksmingas ir garsus Europoje. Jis visą savo gyvenimą nugyveno dėl Kristaus ir šiais laikais yra laikomas vienu iš Katalikų Bažnyčios šventųjų.

Apie turto paveldėjimą po mirties

Rūpinkitės savo pagyvenusiu giminaičiu su dideliu atsidavimu, meile, meile ir prieinamumu. Nedarykite to, kad išsaugotumėte savo palikimą. Tai labai neetiška. Darykite gera nesitikėdami atpildo, nes būtent tai patinka Dievui.

Mano tėvai nepaliko jokio palikimo grynaisiais. Tai, ką jie paliko, buvo mažas ūkis, kuriame gyvenome. Esu dėkinga už tėvų darbą. Be jų darbo net neturėčiau kur gyventi. Mano tėvai paliko man geriausią dalyką, kurį jie galėjo palikti: studijas ir jų pavyzdį.

Iki šiol nesuprantu, kaip buvau vienintelis žmogus, atleistas iš ūkio darbų. Ūkyje dirbau iki dešimties. Po to tėvas leido man kursuoti tik mokykloje. Ačiū Dievui, viskas pavyko. Baigiau koledžą, gavau viešąjį darbą ir esu pagarsėjęs rašytojas. Visus savo pasiekimus esu skolingas savo asmeninėms pastangoms ir savo geram Dievui, kuris visada mane apšvietė.

Tiksliai nežinau, kokia bus mano ateitis. Bet mano valia – likti vilties kaime kartu su artimaisiais. Čia aš gyvenu paprastą gyvenimą be daugybės prievaizdų. Todėl ir sakau, kad man nereikia daug gyventi. Iš prigimties esu paprastas žmogus ir žinau, kad tai, kas manęs laukia, yra puiki ateitis ir kupina laimės.

Visą savo sėkmę esu skolingas savo skaitytojams.

Man patinka tai, ką literatūra reprezentuoja mano gyvenime. Rašymas man yra puikus bendravimo tiltas tūkstančiams žmonių, kurie skaito mano raštus. Labai džiugu žinoti, kad žmonės skaito tai, ką rašau, ir palaiko mane pirkdami mano knygas. Tai vis labiau stiprina meną, kuriame rašymas iš tikrųjų gali būti laikomas kūriniu.

Bet net jei neturėčiau atsakymų iš kitos pusės, tęsčiau rašymą. Mano santykis su rašymu prasidėjo nuo medicininės ir psichologinės problemos. Rašymas tada buvo nuostabi išeitis, kad galėčiau išlieti savo problemas. Tai labai teigiamai paveikė mano protą. Aš pagerinau savo sveikatą ir šiandien esu daug geresnis. Taigi, esu labai dėkingas, kad literatūra man suteiks tokį saugumą, kad galėsiu joje rasti vertingą draugą, kuris visada nori klausytis to, ką turiu pasakyti.

Mano pagarba juodaodžių rasei

Man patinka visų rūšių veislės, kurios egzistuoja žemėje, įskaitant gyvūnus. Jaučiu pagarbą visokiai kultūrai, rasei, tautybei ar pasirinkimui. Taigi, matau, kad nepaisant šimtmečius trukusio persekiojimo, visame pasaulyje išsiskiria daug juodaodžių žmonių. Šiandien matome, kaip juodaodžiai žmonės spindi politikoje, sporte, televizijoje, kine, profesijose, mokykloje, trumpai tariant, nelygybė šiek tiek sumažėjo, tačiau išankstinis nusistatymas išlieka.

Būdamas tokio atviro proto žmogus, jaučiu aukštesnės dvasios priėmimą ir pritarimą. Visur, kur einu, jaučiu, kad Dievas mane myli ir saugo unikaliu būdu. Todėl prašau jūsų nepersekioti mažumų. Tegul visi gyvena taikiai.

Baimė yra didysis mūsų nesėkmių piktadarys.

Baimė yra baisus žvėris, kuris įkalina mus atskirtame pasaulyje, kur mes nieko nesugebame. Bet jūs turite galimybę. Jūs galite susidurti ir rasti sprendimą bet kam. Tiesiog turėkite nusiteikimą ir drąsą numalšinti baimę. Patikėkite, niekas negali sustabdyti jūsų sėkmės, jei norite pasikeisti.

Visada buvau išsigandęs jaunuolis. Bijojau susidurti su pasauliu, bijojau demonų, bijojau tėvo ir mamos, ir vis dar bijau savo brolio. Visa tai todėl, kad jie yra pranašesni už mane, ir aš nenorėjau jiems prieštarauti. Tiesą sakant, yra pernelyg sudėtingų šeimos atvejų.

Yra situacijų, kurios mus įkalina taip, kad negalime pabėgti. Bet jei jau esate laisvas, nereikia bijoti. Būkite nusiteikę tęsti savo svajones. Taip, bet kas įmanoma tam, kuris kovoja, kovoja ir atkakliai laikosi. Linkiu jums geriausių linkėjimų sėkmės. Visada tikėkite savo svajonėmis.

Suteikite sau teisę klysti.

Jūs nenorite būti tobulas žmogus, kad kam nors patiktumėte. Tai visiškai nenaudinga. Kad ir kaip stengtumėtės, visada bus kažkas, kas jums nepatinka dėl kokių nors priežasčių. Tada gyvenkite savo gyvenimą, kad patiktumėte jums, o ne kitiems.

Man visada teko kurti personažą visų akivaizdoje. Kadangi kiti nepriėmė mano seksualumo, turėjau paklusti jų valiai. Taip nutiko todėl, kad gimiau labai tradicinėje šeimoje. Man beveik keturiasdešimt metų ir vis dar neturiu visiškos laisvės.

Gyvenu su trimis broliais, kurie mąsto kitaip nei aš. Taigi, nesijaučiu laisvas priimti lankytojų į savo namus. Kita vertus, jų kompanija yra svarbi, kad sunkiais laikais nesijausčiau vienišas. Manau, kad tai yra mano likimo žemėje dalis. Turiu rūpintis savo broliais, nes mirė mano mama.

Tegul save suneša gyvenimo tėkmė.

Gyvenime yra situacijų, kurios negali kovoti. Plaukimas prieš srovę yra blogas patarimas, kai srovė yra per stipri. Taigi, geriausias sprendimas yra leisti sau būti nuneštam likimo srovės. Likimas yra galinga jėga, kuri nuves jus į reikiamą vietą tinkamu laiku.

Mano gyvenimas buvo pažymėtas dideliais posūkiais ir posūkiais. Dirbau daug viešųjų darbų, buvau rašytojas, filmų kūrėjas ir kompozitorius, o dabar tapau profesionaliu rašytoju. Nors dažnai atsisakydavau literatūros, mano, kaip rašytojo, likimas kalbėjo garsiau ir čia rašau jums nuostabius tekstus.

Nors likimas gali jus įkvėpti gyvenime, geriausias sprendimas, kurį galite priimti, yra padaryti teisingus pasirinkimus. Toliau patirkite įvairias situacijas ir suvokite, kas geriausiai tinka jūsų gyvenime. Kai suvokiame savo galimybes, viskas tampa lengviau įvyksta.

Vienatvė taip pat moko daug svarbių dalykų.

Mokomės sambūvyje ir vienatvėje. Ypač pastarajame turime galimybę apmąstyti viską, kas supa mūsų gyvenimą. Vienatvė, nors kartais ir įskaudinta, yra fantastiška galimybė pažinti save per nuolatinę meditaciją.

Aš visada buvau viena su meile. Ši situacija man parodė, kaip svarbu vertinti save, kol kiti mane spardė. Kai kiti mane išmetė, vis labiau mylėjau save ir gilinausi į žmogiškuosius santykius. Šioje pažinimo kelionėje mačiau dieviškosios meilės gelmę ir priėmimą mūsų gyvenime. Labai verta pasitikėti Dievu, nes jam niekada mūsų netrūksta, kai mums to reikia.

Tiksliai nežinau, koks bus mano gyvenimas po dešimties, dvidešimties, trisdešimties, keturiasdešimties ar penkiasdešimties metų. Bet man tai net nerūpi. Gyvenu dabartine akimirka, su didele meile, atsidavimu, atsidavimu, darbu, drąsa ir tikėjimu. Žinau, kad vienaip ar kitaip to nepraleisiu.

Būkite laimingi bet kokioje situacijoje.

Kiekviena nauja gyva aušra yra beribio džiaugsmo ir laimės priežastis. Matydami Dievo saulę, pamirštame mus kamuojančias didžiąsias problemas ir jaučiamės atsinaujinę, kad galėtume tęsti savo darbą. Būti laimingam yra pasirinkimo reikalas, net ir didelių iššūkių akivaizdoje.

Taip, gyvenimas man metė iššūkį daugybę kartų. Turėjau visas priežastis būti nelaimingas, nes patyriau daugiau nei dešimt tūkstančių meilės atstūmimų. Tačiau vėl nusišypsojau ir patikėjau savimi. Kai turime laimę savyje, niekas negali mūsų supurtyti.

Taigi, atverkite gražią šypseną. Pasakykite "ne" silpnybėms ir bandykite dar kartą. Visada bus galimybė patirti naujų iššūkių, nuotykių, meilės, pasiekimų ir pasiekimų. Gyvenimas turi būti nugyventas intensyviai.

Meilė yra didis dvasinis mokymasis.

Meilė yra pats gražiausias jausmas. Tai kažkas, kas peržengia racionalumą, tai kažkas, kas mus giliai paliečia. Kai ką nors myli, tai tarsi mes pristatome be baimės, gėdos ar kitų kliūčių.

Per tuos keturiasdešimt metų man tai patiko kelis kartus. Niekada nebuvau abipusis nė vienoje iš patirtų meilės situacijų. Štai kodėl sakoma, kad meilės skausmas yra gilus. Kai mes nesame suderinti vienodai, tai atveria dideles emocines žaizdas, kurioms užgyti reikia laiko.

Nenaudinga sakyti, kad turime būti atsargūs su meile, nes mus jaudina nekontroliuojami jausmai. Kai tikrai mylime, įveikiame tragišką beprotybės baimę. Galbūt meilė veikia kai kuriuos žmones, bet ne visada yra taip, kaip mes įsivaizduojame. Rasti meilę taip, kaip mes mylime, yra sunkiau nei laimėti loterijoje.

Meilė ne visada yra tikslusis mokslas. Galbūt meilė yra artima humanitariniams mokslams, susijusiems su psichologiniais, psichiniais ir natūraliais aspektais. Kiekvienas bandymas mylėti yra didelis šūvis tamsoje. Meilėje, išpildydami savo lūkesčius, esame neapibrėžtame įvykyje, kuris dažnai gali būti tragiškas. Taigi būkite atsargūs bendraudami.

Turėti švarią sąžinę yra neįkainojama.

Elkitės sąžiningai. Jei suklupote, ištaisykite savo klaidą, pakelkite galvą ir bandykite dar kartą. Turėti švarią sąžinę yra neįkainojama. Gerai išsimiegoti ir pabusti yra puiki dovana.

Ačiū Dievui, savo beveik keturiasdešimties metų trajektorijoje turiu neįtikėtinai ramią sąžinę. Nors tiesa, kad turiu nuodėmių, nuoširdžiai gailėjausi dėl savo klaidų, jas taisiau ir pradėjau praktiškai nuo nulio. Man buvo atleistos nuodėmės, nes atgailavau ir atleidau savo artimui. Būtent tai parašyta maldose, kuriose meldžiamės kasdien.

Pasitikėjimas kitais yra didelis pavojus.

Būtų puiku, jei galėtume pasitikėti žmonėmis, ypač tais, kuriais žavimės ir mylime. Bet tai ne visada įmanoma. Kai mus sunaikina kitų požiūris, mes prarandame gebėjimą pasitikėti bet kuo. Mes tai darome kaip būdą apsisaugoti.

Taigi, mažiau pasitikėkite ir daugiau veikite. Pasitikėkite Dievu ir savimi. Toliau dirbkite su atsidavimu savo projektams ir sėkmė bus suteikta. Danguje turime didį tėvą, kuris mus myli besąlygiškai. Taigi būkite laimingi ir dėkingi už Dievo palaiminimus.

Niekada neleiskite, kad jūsų tikėjimas baigtųsi

Tikėjimas yra mažas žodis, bet nepaprastai galingas. Tikėjimas yra tai, kas palaiko mus sunkiomis ir tamsiomis gyvenimo akimirkomis. Ir kartais gyvenimą taip apsunkina dalykai, kurie nuo mūsų nepriklauso.

Gyvenimas, nepaisant to, kad yra gražus ir žavus, turi daug kasdienių iššūkių. Jei nesame atsargūs, mes užpildome savo protus nepagrįstais rūpesčiais, kurie gali sukelti didelį liūdesį ar net sunkią depresiją.

Stenkitės negalvoti apie problemas. Išeikite kuriam laikui, pasikalbėkite su kuo nors ar keliaukite. Mūsų protui reikia situacijų, kurios veda į komfortą. Turime kvėpuoti didelių nelaimių akivaizdoje.

Bet nesijaudinkite dėl to. Viskas susitvarkys tam tikru jūsų gyvenimo momentu.

Viskas, ką turite iš savo, atsitinka.

Gyvenimo būdo srityje mes turime nuostolių ir naudos. Ir mūsų nuostoliai dažnai mus liūdina. Būtent mūsų blogi pasirinkimai lemia dramatiškus nuostolius. Bet kas? Kad ir kas būtų jūsų, jis kada nors ateis pas jus. Taigi nereikia per ilgai atsitraukti.

Turėjau blogų ir gerų pasirinkimų. Jie visi privertė mane išmokti turėti savo teisę suklysti ar ją ištaisyti. Būtent ši sisteminė gyvenimo pusiausvyra atskleidžia, ar mes buvome dešinėje pusėje. Bet nesijaudinkite dėl to. Po klaidų sekos visada yra kitų galimybių.

Darykite sau tai, ko norite pasauliui.

Pasaulis turi didelių ekonominių, struktūrinių ir socialinių problemų bei nelygybės. Tiesiog niekas negali išspręsti pasaulio problemų vienas. Taigi, jūs nedengiate savęs ir nekaltinate savęs, kad nekeičiate pasaulio.

Darykite bent jau sau ir aplinkiniams. Jūsų mažas veiksmas pakeis jūsų artimą aplinką. Jei visi mąstys kaip jūs, pasaulyje bus naujų veiksmų ir tai turės teigiamą poveikį. Kaip sako senas posakis: mažų veiksmų sąjunga gali duoti įspūdingų rezultatų.

Niekada nebandykite pakenkti kitam.

Ko nenorite sau, nedarykite to dėl kito. Tai neabejotinai didis įsakymas, kad Jėzus mus paliko. Šioje samprotavimo linijoje, jei noriu kažko gero, taip pat siunčiu teigiamą energiją savo artimui, kad jis įgyvendintų savo svajones. Kuo daugiau darau ir trokštu gero, tuo labiau pritraukiu sau gerų dalykų.

Su intelektu galime įveikti didžiąsias savo gyvenimo audras.

Negalima išblukti. Kai tarp mūsų kyla neviltis, mes linkę suklupti. Bet tai nėra tai, ko Dievas nori iš mūsų. Jūs niekada neleistumėte mums nukristi negandų akivaizdoje, todėl jis įdeda apsauginius angelus, kurie mus veda kiekviename žingsnyje.

Jaučiu, kad mano gyvenimas juda į priekį. Diena iš dienos savo kovas pasitinku su džiaugsmu, stiprybe, drąsa ir ryžtu. Tiksliai nežinau, kur einu, bet esu visiškai prisirišęs prie dieviškosios valios. Man tai visiškai gerai ir nuostabu. Jaučiuosi visiškai laisvas susidurti su naujomis patirtimis savo gyvenime.

Išgyvenau dideles tamsos audras. Kelis kartus pasiklydau ir atsidūriau. Buda moko, kad būtent per kančią mes pasiekiame savo dvasinį išlaisvinimą. Ir ši puiki laida bus įmanoma tik tuo atveju, jei norėsite rizikuoti net ir visiškai nenuspėjamose situacijose.

Meilė verčia mus patikėti, kad viskas verta.

Žinote, meilė su savimi nešiojasi didelę magiją: Verta iki neįprastų ir pavojingų situacijų. Kai rizikuojame dėl meilės, esame pasirengę atsisakyti savęs dėl gero tikslo. Kaip analogija, Kristaus meilė ant kryžiaus simbolizuoja meilės galią.

Mylėti mums nereikia jokios priežasties. Mūsų jausmams nereikia jokios priežasties. Tiesiog norisi geriausio mums ir vienas kitam. Taip tiesiog įvyksta meilės magija.

Yra dalykų, prie kurių negalime grįžti

Dievas davė mums laisvą pasirinkimą, kad galėtume pataikyti arba praleisti. Taigi, mes pasirenkame. Kad ir kaip gailėtumėmės dėl savo klaidų, nėra atsigręžimo atgal ir taisymo. Gyvenime yra situacijų, kurios yra beviltiškos. Pavyzdžiui, mylintis pasirinkimas tarp dviejų žmonių. Tas, kuris buvo paniekintas, daugiau niekada neatleis mylimam žmogui.

Taip nutiko vienam iš mano bandymų mylėtis. Jis pasirinko savo žmoną ir niekino mane. Kad ir kaip jis gailėtųsi, niekada negaliu juo pasitikėti labiau vien dėl to, kad jo meilė žmonai buvo didesnė nei meilė man. Taip, jei mes nesame kažkieno gyvenimo prioritetas, tada geriau išsisukti nuo to visam laikui. Tai suteiks mažiau nei klaidingą iliuziją.

Ne visada galime dirbti pagal tai, kas mums patinka.

Ne visada galime dirbti pagal tai, kas mums patinka. Kartais tai, kas maitina mūsų sielą, nemaitina mūsų kūno. Menas apskritai yra toks. Menas yra kažkas, kas daro mums gera, bet jis mūsų nepalaiko. Tačiau mums nereikia liūdėti dėl šios padėties. Laisvalaikiu galime ugdyti meną, todėl mūsų protas bus kupinas džiaugsmo, linksmybių ir žavesio.

Menas manęs niekada nepalaikė. Aš visada turėjau savo darbus, kurie yra mano pajamų pagrindas. Menas yra papildomos pajamos, tačiau neįmanoma gyventi tik iš meno, nes meninės pajamos labai skiriasi ir tam tikrą mėnesį gali būti labai mažos.

Neleiskite, kad blogis būtų jūsų gyvenime.

Kai kas nors mums kenkia, to negalite išvengti ar nuspėti. Tačiau toliau kentėti yra galimybė. Kai kažkas mus sunaikina, mes galime jį tiesiog atstumti arba nešti kaip kankinį.

Linkiu tik gero sau. Viskas, kas mane sunaikino praeityje, buvo praeityje. Taigi, šiais laikais jaučiuosi visaverčiu žmogumi. Jaučiu jėgų tęsti savo kasdienes kovas su dideliu noru laimėti.

Man patinka šis mano kelias Žemės planetoje. Tai kelias, kupinas pakilimų ir nuosmukių, nesėkmių ir pergalių, tikrumo ir nenumatytų įvykių. Bet visa tai verta. Taip, negaliu atsidėkoti už kiekvieną savo gyvenimo pasiekimą ir esu pasiruošęs tolesniems pokyčiams.

Stenkitės gyventi harmonijoje su visais.

Norėdami, kad aplink jus būtų harmonija, turite puoselėti ramybę ir vidinę harmoniją. Elgdamiesi sąžiningai, jūs susirandate daugiau draugų nei priešų ir suteikiate svarbių socialinių santykių. Kuo daugiau vidinės ramybės turėsite, tuo geresnė bus jūsų proto būsena ir bendrystė su tuo daugiau.

Stengiausi gyventi vidinėje ramybėje su visais. Bet kartais tai neįmanoma. Tai priklauso ne tik nuo jūsų. Kartais kiti nenori būti tavo draugais. Taigi, šioje situacijoje turime gerbti vienas kitą ir palaikyti tik profesinius santykius.

Būkite mažiau neišmanantys ir išdidūs.

Yra žmonių, kurie labiausiai jaučiasi būdami įtakingi, turtingi ir galingi. Yra žmonių, kurie nori sumenkinti kitus už tai, kad jie turi aukštesnes pareigas. Šie žmonės yra vidutiniški, nes vienintelis didis pasaulyje yra Dievas.

Kai daugelis nori būti panašūs į Dievą, jie patenka į pražūtį. Visą laiką pasaulis pasisuks ir šie viršuje esantys žmonės nusileis žemyn. Tai daroma siekiant parodyti, kad niekas nėra toks galingas ar svarbus kaip Dievas. Mes visi esame nusidėjėliai ir kenkėjai žemėje.

Skirtingai nuo daugelio žmonių, aš visada buvau nuolankus žmogus. Visada vertinau darbą, mažumas, Dievo meilę, meilę sau, religiją ir sąžiningumą. Savo paprastumo vaisius pasiekiu su dieviškais palaiminimais. Jei einate neteisingu keliu, dar yra laiko apmąstymams ir pokyčiams. Pateikite save kaip tikrą gerą reklamos priemonę. Padarykite tai dėl savęs ir visatos, kuri jus taip gerai priėmė.

Prieš kalbėdami ilgai ir sunkiai pagalvokite.

Bet koks veiksmas negalvojant yra didelė tragedija. Neapgalvoti veiksmai sukelia liūdesį ir skausmą mūsų artimui. Todėl prieš veikiant būtina evoliucionuoti ir mąstyti.

Tapau daugelio asmeninių tragedijų auka. Taip išmokau vertinti mąstančius žmones. Žmonės, kurie galvoja, yra geriausios įmonės, kurias galime turėti.

Taigi, pažiūrėkite, kas tikrai nusipelno jūsų draugystės. Pasirinkę tikrus draugus sutaupysite laiko ir rūpesčių. Taip gera, kai vienas kitas mus visiškai supranta. Taip malonu retkarčiais pajusti meilę, meilę ir glamonę. Taip, jei ką nors mylite, negaiškite laiko ir parodykite darbais bei žodžiais.

Visi seksualumai yra svarbūs ir turi būti gerbiami.

Daugelį seksualinių mažumų persekioja visuomenė, kurioje dominuoja heteroseksualumas. Tai labai liūdna, nes pasaulis daugeliu atžvilgių labai pasikeitė, tačiau šis elementas vis dar atsilieka.

Jei nustosime mąstyti ir suvokti, kad seksualumas yra viena iš pagrindinių mūsų vidinių apraiškų, turėtume leisti žmonėms būti laimingiems. pasibjaurėjimas homoseksualumui savaime neša daugelio žmonių, kurie laiko save Dievo išrinktais, nelabumą. Nėra neteisingų seksualinių orientacijų, yra vėlyvų žmonių, manančių, kad jie yra pranašesni už kitus, išankstinis nusistatymas. Dėl to labai gaila.

Aš ginu visų teisę ir įtraukta į visuomenę. Neteisinga ar teisinga, mes turime teisę naudotis savo pasirinkimais. Leiskime Dievui spręsti, ar tai teisinga, ar neteisinga. Kai mums mažiau rūpi kiti, asmeninė evoliucija yra nepaprasta. Aš ginu pasaulį be išankstinio nusistatymo.

Džiaukitės kiekvienu pasiekimu ir kiekviena nugyventa diena.

Kokia gera aušra ir sutemos kiekvieną dieną. Gyvenimo dovana yra didis palaiminimas, kuriuo turime džiaugtis iki galo. Net jei gyvenimas susideda iš didelių iššūkių, šaunu yra tai, kad jūs sprendžiate problemas, įveikiate baimes, drąsiai atsistojate ir judate toliau.

Aš intensyviai gyvenu savo gyvenimą, kai tai įmanoma. Iš rutinos galiu keliauti aplankydama gimines ir vietas, apie kurias visada svajojau. Šios akimirkos yra nepaprastai retos, nes dažniausiai dirbu su savo projektais. Turiu dirbti, kad palaikyčiau save ir padėčiau savo šeimai.

Kai susiduriame su dideliais iššūkiais, parodome savo sugebėjimą

Netrukdykite gigantiškiems gyvenimo iššūkiams. Kažkaip jie buvo įdėti į jūsų gyvenimą, kad jis augtų. Puiku būti iššauktam veikti, kad išgelbėtume mus nuo visų pavojų.

Gyvenimas man visada kėlė iššūkių. Su kiekviena kliūtimi susidūriau su didele jėga, užsidegimu, drąsa ir pasitikėjimu. Niekada nebuvau nusivylęs jokia situacija. Įveikdamas problemas supratau, kokie puikūs mano sugebėjimai. Taigi, gyvenau didelėmis emocijomis.

Todėl išnaudokite savo tikėjimą savo naudai. Niekada nepasiduokite problemos akivaizdoje. Būkite tikri, kad jūsų pergalė priklausys nuo jūsų pastangų nuopelnų. Sėkmės jums jūsų gyvenime.

Džiaugsmingai priimkite visus apsilankymus iš savo namų

Smagu priimti lankytojus. Kai parodome savo meilę savo artimiesiems, mainais jaučiame meilės bangą. Šis kraujo ciklas yra stipresnis ir efektyvesnis mūsų trajektorijose.

Darykite dėl kitų tai, ko norite sau. Kai laikomės šio įsakymo, parodome pasauliui savo žmogiškumą. Ši žmonija pažadins kiekvieną jus supančią būtybę, įkvėpdama jį daryti naujus labdaringus darbus. Pasauliui reikia naudingesnių veiksmų nelygybei mažinti.

Meilė yra kažkas, ką reikia ugdyti kasdien.

Meilė yra tarsi sėkla, kurią kasdien laistome vandeniu. Jei viena iš mylinčių dalių neatitinka, tiesiog šis jausmas atvės, kol jis visiškai sunaikins save. Taigi, prieš reikalaudami meilės, stebėkite savo požiūrį ir pažiūrėkite, ar patys dovanojate meilę, kurios taip ilgėjotės.

Gyvenime turėjau didelę meilę, bet nė vienas iš jų jos nevertino. Jie mane tiesiog išmetė ir nuėjo savo keliu. Taigi, išanalizavau savo gyvenimą ir sužinojau, kad Dievo meilė ir mano meilė sau yra didesnė už viską. Aš tiesiog susidūriau su laime, apie kurią visada svajojau, ir ta laimė buvo ta, kurią aš suteikiau.

Nėra formulės, paruoštos būti laimingiems, bet, sakyčiau, laimė dalis mūsų pačių. Tos laimės niekas iš tavęs neatima, net ir po ilgo laiko, nes ji yra tavyje.

Mane traukia intelektas, gerumas ir dosnumas. Mane traukia teigiamos mintys, kylančios iš gerų būtybių. Niekada nesutiksiu su smulkiais žmonėmis, pavydžiais ar šmeižikiškais žmonėmis. Aš visada būsiu Dievo pusėje ir geras visose savo nuostatose. Štai kodėl kai kurios dvasios mane laiko Dievo sūnumi.

Negarbinkite praeities taip, lyg rytojaus nebūtų.

Nėra gerai kalbėti ar prisiminti praeitį savo kasdienybėje, nes tai nėra naudinga. Praeitis nebegali pasikeisti. Tačiau galime užimti naują poziciją ir priimti teisingus sprendimus dabartyje ir ateityje. Buvimas laimingu priklauso tik nuo jūsų naujų pasirinkimų.

Ilgą laiką buvau įstrigęs praeities nuoskaudose. Bet po kurio laiko supratau, kad švaistau savo laiką. Taigi, mažai prisimenu praeitį ir mieliau koncentruojuosi į savo dabartinius projektus. Tai veikė. Turiu ramybės ir ramybės kupiną protą.

Nors praeitis gali jus pasmerkti, turite atleisti sau ir atgailauti. Turėdami tinkamą požiūrį, matote, kad visada yra naujų galimybių parodyti savo vertę. Darykite daug tikrosios meilės ir jūsų nuodėmės gali būti išpirktos. Būk naujas žmogus ir parašyk naują istoriją.

Pasaulyje yra daugybė meilės formų.

Pasaulyje yra keletas meilės tipų: meilė Dievui, meilė tėvams, meilė artimiesiems, meilė gyvūnams, meilė vaikinui ir meilė draugams. Nepersistenkite reikalaudami per daug meilės. Atminkite, kad didžiausia meilė, kurią turėsite gyvenime, bus jūsų meilė sau ir dieviškoji.

Kai iš kitų reikalaujame per daug, santykiai linkę mus nuvilti ir per daug nuvilti. Taigi nebūkite tokie ir būkite realistai. Laimė ir meilė vieną dieną baigsis. Viskas šiame gyvenime vieną dieną baigiasi. Tad kam per daug romantizuoti meilę? Tai geriau tikroviška meilė nei sugalvota meilė. Mes nuo to mažiau kenčiame.

Neieškokite meilės santykių iš finansinio intereso. Likite dėl meilės su žmogumi.

Aš visada sakau, kad pinigai neperka geriausių dalykų, kuriuos turime gyvenime, pavyzdžiui: geros kompanijos, meilės, meilės ir draugystės. Tad kodėl būti tokiu materialistiniu žmogumi? Turime atsisakyti materialinių gėrybių taip, kad jos neturėtų jokios reikšmės.

Tam tikra prasme turėti pinigų yra gerai, tačiau tai nėra geriausias dalykas pasaulyje. Tada vertinkite asmens charakterį ir etiką. Mums reikia žmonių su geromis vertybėmis, kad jie valdytų kiekvieno gyvenimą. Todėl gerai pasirinkite savo valdovus.

Nėra visiškai teisingos etikos.

Kiekvienas žmogus turi parodyti savo tiesą. Tai, ką laikome teisinga, kitų nuomone, gali būti neteisinga. Tad kodėl norite primesti savo nuomonę kitiems? Ne, nedarykite to. Tegul kiekvienas būna patenkintas savo pasirinkimais.

Konflikto priežastys iš esmės yra skirtingos nuomonės. Net ir analizuojant įstatymą, yra daug nuomonių. Kiekvienas mato istoriją su savo optika, ir mes turime ją gerbti. Ko negalime padaryti, tai meluoti, kad pasiektume kitą. Visada būkite teisingi.

Mums reikia dosnių ir gerų vyrų.

Mums reikia žmogus ir geresnio pasaulio. Mums reikia, kad vyrai gerbtų savo žmonas ir nenorėtų jų turėti. Mums reikia mažiau smurto ir daugiau supratimo.

Aš visada bijojau turėti santykius dėl moterų žudymo. Labai sunku pasitikėti vyru, jei turime tiek daug smurto šeimoje pavyzdžių. Taigi, jei norite apsisaugoti, geriau eikite vieni.

Abaíra miesto istorija Bahijos valstijoje
Kalbėkitės dideliame name.

Azevedo, galingo žemės savininko, markizas ir jo žmona Eleonora kalbasi metų pabaigos naktį.

Azevedo markizai

Esu pavargęs ir ligotas nuo šio kaimo gyvenimo. Tai ne pabaiga. Aš jau esu pagyvenęs vyras, sulaukęs 70-ies, ir užuot ilsėjęsis, aš įsitempęs su darbuotojais. Ką man daryti, moterie?

Eleonora

Išeik į pensiją, išeik į pensiją. Pasidalykite palikimu su savo jauniausiu sūnumi. Jis neturi darbo ir norėtų sulaukti naujo iššūkio. Gyvenimas yra toks, pilnas ciklų, kurie baigiasi.

Azevedo markizai

Tai puiki idėja. Aš einu į registro įstaigą, kad galėčiau atlikti perkėlimą ir mėgautis likusiu gyvenimu kelionėse. Šiandien baigiu savo darbo ciklą.

Eleonora

Sveikinu. Aš lydėsiu jus šiose kelionėse. Noriu mėgautis ir gyvenimu. Pradėkite naują istoriją.

Pora apsikabina ir švenčia. Tai buvo dešimtmečių darbas, kuris baigėsi. Dabar jiems nebereikėtų jaudintis. Būtų prisiminimai apie tą klestintį dvarą.

Naujas savininkas ir prekybos atidarymas.

Juozapas iš Azevedo paveldėjimo būdu tapo naujuoju ūkio savininku. Vos atvykęs jis pradėjo organizuoti verslą. Jis pasamdė darbuotojus cukranendrių plantacijoms, atidarė maisto prekybą ir pradėjo auginti keletą gyvulių bandų. Su šiomis įmonėmis jo sėkmė tikrai buvo saugi.

Netrukus po prekybos atidarymo jis lankėsi parduotuvėje.

Charlotte

Atėjau apsipirkti. Noriu tik svaro svogūnų, dviejų šimtų gramų sūrio, trijų duona ir svaro druskos.

Juozapas iš Azevedo

Ar taip?? Maniau, kad paprašysite daug daugiau.

Charlotte

Taip yra todėl, kad esame finansinėje bėdoje. Mano mama mirė, o tėvas negavo pensijos dėl problemų su savo dokumentais. Taigi, mūsų ir taip mažos pajamos tapo tik pusė. Beje, ieškau darbo kaip išprotėjęs, kad pagerinčiau savo finansinę padėtį.

Juozapas iš Azevedo

Suprasti. Aš padėsiu tau įgyvendinti tavo svajonę. Man reikia palydovo, kuris padėtų man prekiauti, kol esu ūkyje. Ar dirbsi su manimi?

Charlotte

Man tai patiks. Kada pradėti dirbti?

Juozapas iš Azevedo

Tai rytoj. Sveiki atvykę į mūsų komandą.

Mergaitė atsisveikino su beribiu džiaugsmu ir papasakojo tėvui gerąją naujieną. Galiausiai jis rado puikų savo finansinės problemos sprendimą. Džiaugiuosi, kad Dievas išgirdo jūsų maldas.

Pasikalbėkite su tėvu.

Charlotte grįžta namo ir ją su džiaugsmu pasitinka tėvas.

Alvinas

Džiaugiuosi, kad esi čia, dukra. Kokią naujieną tai mums atneša?

Charlotte

Aš nusipirkau daiktus, kurių prašiau. Taip pat turėjau malonią staigmeną, kai buvau pasamdytas kaip prekybos palydovas.
Alvinas
Tai labai nuostabu. Bet ar tai buvo taip lengva?
Charlotte
Atrodo, kad savininkas mane užjautė. Mano maldų dėka Dievas padarė šį didį stebuklą mūsų gyvenime.
Alvinas
Pirmyn, vaikeli. Suteiksiu jums visą paramą.
Duetas priima ir švenčia naują etapą. Nuo šiol vargo laikas baigsis. Tegul Dievas visada būna giriamas.

Sveikatos Dievo Motinos bažnyčios statyba

Charlotte tris mėnesius dirbo maisto parduotuvėje. Kadangi ji buvo draugiška, graži ir mandagi, ji vis dažniau artėjo prie savo viršininko. Būtent tada jis nusprendė rizikuoti.
Juozapas iš Azevedo
Mano brangioji Charlotte, kitą šeštadienį vyks Dievo Motinos Sveikatos bažnyčios inauguracija. Aš vis dar esu vienas. Ar galėtum ateiti su manimi?
Charlotte
Bus be galo malonu jus lydėti, mano brangusis viršininke. Bet kaip aš tave lydėčiau? Koks bus mano darbas?
Juozapas iš Azevedo
Kaip mano kostiumas, mano draugė. Ką manai?
Charlotte
Kas tai yra? Tu pakvaišęs? Jūs net oficialiai neužsakėte.
Juozapas greitai atsiklaupė ant kelių prieš ją. Viena ranka jis pasiūlė jam žiedą kaip įsipareigojimo simbolį. Apsidžiaugusi ji priėmė dovaną.
Charlotte
Nuo šiol aš būsiu tavo draugė. Esu be galo laimingas dėl to. Laukiu vakarėlio.

Numatytą dieną ir laiku jie dalyvavo bažnyčios inauguracijoje. Buvo daug žmonių, kurie šventė religinį užkariavimą. Buvo daug muzikos, šokių, daug judesio ir daug džiaugsmo iš dalyvių. Tai buvo momentas, kuris pažymėjo Abaíra savivaldybės plėtrą Bahijo.

Istorijos pabaiga

Su pasimatymų metais jie oficialiai registruoja santuoką registro įstaigoje. Po trumpo laiko jie turėjo tris gražius vaikus. Įtvirtinus santuoką, jie gyveno daug laimingų akimirkų ir pamatė regiono ekonominės plėtros konsolidavimą. Jie buvo amžinai pažymėti istorijoje kaip pionieriai regione.

Turėkite tiesą kaip pagrindinę savo gyvenimo vertybę.

Nemeluokite ir neapsimeskite. Tai geriau sunki tiesa nei melas, kurį apgaudinėjate. Turėdami tiesą kaip pagrindinę vertybę, sukursite rimtus ir vaisingus santykius. Patikėkite, puiku būti sąžiningam ir teisingam.

Kuo daugiau laiko praeina, tuo sunkiau viskas gaunasi.

Gyvenimas yra užprogramuota kliūčių seka. Kuo toliau einame, tuo didesni iššūkiai kyla. Taip atsitinka, kad galėtume išgyventi bet kurioje situacijoje. Būtent per patirtį galime tapti tikrais vyrais.

Esu žmogus, pasiruošęs susidurti su gyvenimu dėl patirtų iššūkių. Tapau dvasiniu mokytoju ir garbingu rašytoju. Taigi, jei aš tai padariau, taip pat ir jūs. Tikėkite savo potencialu, investuokite į tai, kas jums patinka, ir būkite nepaprastai laimingi. Visada bus nauja galimybė įgyvendinti savo svajones.

Saugokitės blogos įtakos

Ieškokite geros kompanijos, su kuria galėtumėte pasikalbėti, pabūti ar pasimatyti. Neleisk, kad mane draugautų su nenaudingais. Kas yra blogas, tas nuves jus į dugną su savo blogais patarimais. Tada laikykitės atokiau nuo jų.

Tamsi mano gyvenimo naktis

Jaunystėje patyriau tamsią patirtį, kai intensyviai gyvenau tamsią sielos naktį, laiką, kai pamiršau Dievą, principus ir nugrimzdau į nuodėmes. Tačiau turėjau tai patirti, kad turėčiau tikrąjį savo misijos matmenį.

Būtent dykumoje netoli savo namų patyriau baisių išgyvenimų, dėl kurių gailiuosi. Kai atgailavau, visiškai pasveikau ir tapau tuo geru žmogumi, koks esu šiandien.

Šis susidūrimas su mano tamsia sielos naktimi privertė mane pasijusti žmogumi, bet taip pat sužinojau savo vertę. Dievas norėjo, kad taip būtų, kad galėčiau įveikti ir įveikti visas kliūtis savo gyvenime. Šiandien jaučiuosi kaip tikras nugalėtojas.

Dievas sukūrė vyrą ir moterį tuoktis ir dauginitis.

Žmogaus meilės santykių prigimtis yra vyras ir moteris. Būtent per juos gimsta vaikai, o gyvenimas tęsiasi. Nors visi seksualiniai skirtumai turi būti gerbiami ir turi teisę laisvai pasirinkti, vyro ir moters sukurta šeima yra labiausiai paplitusi.

Prieš kritikuodami stebėkite savo požiūrį.

Daugelis kritikuoja kitus už tai, ką jie daro, bet pamiršta, kad kartais jie patys yra blogesni už tinginius. Akivaizdu, kad lengva kritikuoti, tačiau gyventi žmogaus gyvenimą yra daug sunkiau.

Stenkitės palaikyti kitus, o ne kritikuoti. Labai gražu, kai matai žmones, kurie kaip nors padeda kitiems. Taigi draugaukite su žmonėmis, o ne trukdykite.

Lengviau mylėti tolimus žmones.

Žmonės, su kuriais gyvename, šeima ar draugai, visada yra skirtumų. Mes linkę nusivilti artimiausių žmonių požiūriu ir nuo to kenčiame. Tuo pačiu metu mes linkę užjausti žmones, kuriuos matome kelis kartus arba kuriuos pažįstame internete.

Šis reiškinys vis dažniau pasitaiko šiuolaikiniame pasaulyje. Žmonių polinkis yra gyventi vidutinišką gyvenimą. Bet jei įdėmiai žiūrėsime, galime rasti gerų žmonių milijonuose. Šios retenybės yra tai, kas verčia mus vis dar tikėti meile.

Atsikratykite visko, kas jus įkalina.

Viskas, kas jums kenkia ar įkalina, turi būti pašalinta iš jūsų gyvenimo. Kažkodėl kuo anksčiau duosite savo laisvės šauksmą, tuo geriau bus jūsų gyvenimui. Taip, būkite savo istorijos veikėjas visose situacijose. Neleiskite kitiems gyventi jūsų gyvenimo. Turėkite sau drąsos susidurti su gyvenimu ir priimti teisingus pasirinkimus, kurie nuves jus į tikrąją laimę.

Turime išmokti gyventi su kitų skirtumais.

Mes visi turime savo nuomonę ir dažnai skiriamės nuo kitų aplinkinių žmonių nuomonių. Todėl būtina žinoti, kaip gerbti kiekvieną pasaulyje egzistuojantį skirtumą. Todėl turime suprasti ir priimti visus žmones kaip draugus ar vaikščiojančius kompanionus.

Aš visada buvau visiškai supratingas žmogus su visais žmonėmis. Tačiau ne visada randame palyginimų kituose. Taigi būtent tada atsiranda skirtumų. Dažnai neįmanoma pasiekti susitarimo.

Jei galite, gyvenkite savo gyvenimą savarankiškai. Bet jei jūs tikrai priklausote nuo tos pozicijos įmonėje, tuomet turėsite žinoti, kaip gyventi su žmonėmis. Tame nėra vidurio kelio.

Nėra prasmės teisti, jūs nepažįstate žmogaus

Žmones pažįstame tik paviršutiniškai. Mes nežinome, kokie yra tikrieji jų širdies ketinimai ir ką jie išgyvena. Taigi niekada neteiskite žmonių už tai, ką jie daro. Vienintelis, kuris gali teisti, yra Dievas, kuris yra tobulas visomis savo savybėmis.

Ačiū Dievui, aš visada norėjau palaikyti žmones, o ne teisti. Niekada nieko neatmečiau, nes žmogus padarė nuodėmę, nes bet kas yra priklausomas nuo gyvenimo problemų.

Mes visi esame laikomi rūšies broliais. Jei nustosite galvoti, mes tikrai esame. Taigi, jei galime padėti vieni kitiems, tai dievui gražu.

Sunku atsiriboti nuo žmonių, kuriuos mylime.

Jei to žmogaus, kuris jums rūpi, ilgą laiką nebuvo arba daugiau niekada neatvyko jūsų aplankyti, tai puikus ženklas, kad ji jūsų nemyli. Kai be galo mylime vienas kitą, norime likti šalia, kai tik įmanoma.

Kas tave myli, turi parodyti požiūrį. Jei asmuo sako, kad jus myli, bet nerodo požiūrio, tai yra didelė afera. Taigi, ištrinkite šias netikras meilės iš savo gyvenimo ir eikite gyventi vieni, bet laimingi.

Kuo daugiau galvoji apie nesėkmes, tuo labiau jas pritrauki.

Ilgai neatsisakykite savo nesėkmių. Jei tai padarysite, būsite nepataisomai įkalinti praeityje ir nepasieksite pažangos gyvenime. Atsikratykite blogų prisiminimų ir pradėkite naujus bandymus. Gali atsirasti naujų nesėkmių, bet tai yra gyvenimo dalis.

Mane stebina žmonės, kurie turi svajonių, bet nieko nedaro, kad jas gautų. Tai siaubingai blogai. Jie yra tingūs žmonės, kurie mano, kad viskas bus lengva. Tačiau pats gyvenimas nėra lengvas. Norint laimėti, reikia daug pastangų.

Su kiekvienu blogu įvykiu kelkis.

Nesvarbu, kiek kartų bandėte ar patyrėte ką nors blogo. Gyvenimas kupinas nenumatytų įvykių, kurie gali mus nuversti. Tą akimirką išgydykite savo skausmus, atsikelkite ir judėkite toliau. Gyvenimas laukia jūsų su puikiomis naujienomis, džiaugsmais, mielėmis, fantazijomis, istorijomis, pristatymais ir daugybe malonių. Visada laikas pradėti iš naujo.

Visada buvau labai atkakli su savo svajonėmis. Niekada neleidau sau nusivilti nusivylimu kiekvieną kartą, kai man nepavyko. Taigi, teisingai pritaikykite tai savo gyvenimui, kuris bus gerai. Ypač sėkmės jūsų pastangose.

Kiekviena pergalė mūsų gyvenime turi istoriją.

Ne pati pergalė daro mus laimingus. Tai, kas mus džiugina pergalėmis, yra kiekvienas žingsnis, kurį žengėme kovoje už sėkmę. Kai laimime, filmas mūsų mintyse pereina nuo mūsų kančių iki norimo užkariavimo. Tai daro blogą gėrį.

Po ilgo laiko turėjau daug pergalių. Tai įrodo, kad mes pjauname savo plantacijos vaisius. Ne tada, kai norime, o tada, kai Dievas mums leidžia. Taigi, jei turite svajonę, eikite į priekį ir niekada nepasiduokite.

Leidžiu savo literatūros ribai būti mano vaizduote.

Prisipažinsiu, kad mėgstu kurti istorijas visiems skaitytojams. Per mano vaizduotę skaitytojas gali patirti pojūčius, kurių niekada anksčiau nejautė. Štai ko verta knygoje: riba yra mūsų vaizduotė. Kartu su žiniomis vaizduotė literatūroje duoda neįtikėtinų rezultatų.

Nors literatūra yra mano puiki veikla, aš taip pat turiu savo darbą. Šios dvi veiklos užpildo mano gyvenimą taip, kad užima mano įsivaizduojamą protą. Tęsiu savo svajones ir tikiuosi, kad skaitytojams patiks tai, ką siūlau.

Eikite sąžiningai ir tyliai.

Gyvenimas turi būti nugyventas kuo geriau. Gyvenimas reikalauja, kad mes vaikščiotume, ir šis veiksmas turi būti atliekamas sąžiningai, laisvai, meile, dosnumu, džiaugsmu, nagais, drąsa ir tikėjimu. Būkite etiški su žmonėmis ir Dievas jums sumokės dvigubai daugiau.

Nesigailiu nieko, ką padariau praeityje. Gal pasakysiu taip, nes nepamenu, kad daryčiau ką nors tyčia, kad ką nors įskaudinčiau. Taigi, Dievo akyse turiu švarią ir tobulą sąžinę. Džiaugiuosi galėdamas pabusti ir pamiegoti savo kaimo paprastume.

Nesigėdykite savo darbo.

Bet koks darbas yra vertas pripažinimo ir aplodismentų. Nuo paprasčiausio kaip namų valytojo iki puikių įmonės vadovų. Kiekvienas žmogus turi pagrindinį vaidmenį pasaulyje.

Visada mylėjau darbus ir niekada nebijojau susidurti su sunkiu darbu. Buvau ūkininkas, mokytojas, valstybės tarnautojas, filmų kūrėjas, muzikos kompozitorius, rašytojas, be kitų profesijų. Visuose šiuose darbuose atidaviau maksimumą ir kiekviename iš jų buvau labai laimingas. Taigi didžiuokitės savo darbu ir tęskite jį. Neleiskite, kad tinginystė jumis rūpintųsi. Dirbkite su džiaugsmu ir optimizmu.

Niekada neatgailaukite dėl savo gerumo

Tiek, kiek mes atliekame kvailus vaidmenis ir žmonės naudojasi mūsų gerumu, judėkite toliau darydami gera. Nuodėmė yra kito nedorybėje, o ne tavyje. Nieko nėra geriau, kaip širdį nukreipti į labdaringus darbus. Labai džiugu suvokti, kad su visais esame geri.

Man visada buvo gera kiekvienoje situacijoje. Tai sukėlė žmonėms keistumą ir tam tikrą atstumą. Man nerūpėjo kritika ir toliau elgiausi taip pat. Tuo aš visada buvau apdovanotas savo laime.

Taigi darant gera aplink jus sukuriama gera atmosfera, kuri išlaisvina jus nuo blogiausių dalykų. Tikėkite Dievą ir jo projektą savo gyvenimui. Tikėkite, kad visas gėris jūsų gyvenime įvyks kūrėjo valia.

Gyvenk taip, lyg neturėtum religijos.

Religinis fanatizmas yra nuostabus dalykas. Ji įkalina mus moralinėse taisyklėse, kurių mes nesukuriame. Priklausymo tam tikrai religijai neturėtų pakakti, kad sunaikintume savo laisvę ir savo mąstymo būdą.

Tikiu visomis geromis religijomis. Tikiu Dievu ir geros dvasios apsauga. Bet aš nesu fanatikas. Aš turiu savo gyvenimą laisvas priimti savo sprendimus, taip pat turiu atvirą protą, kad suprasčiau, jog yra žmonių, kurie mąsto kitaip nei aš. Tegul jūsų religinis pasirinkimas nesuteikia jums teisės slopinti kitų žmonių pasirinkimų. Pagarba visada turi būti pirmoje vietoje.

Gyvenimas tame pačiame name yra sudėtingas.

Kai retkarčiais pamatysite žmogų, galite susidaryti klaidingą įspūdį apie jį. Sunkiausia yra gyventi kasdien, kai atsiranda visi defektai. Taigi būkite atsargūs, kad į savo namus įleistumėte keistų žmonių.

Kartais pagalvoju, kad gimiau būti vieniša. Turiu daug santykių sunkumų su kitais žmonėmis. Visada buvau savotiškas vaikas, kuris niekada neužmezgė grupinių draugysčių. Taigi tai verčia mane manyti, kad man geriau būti vienam. Tačiau neatmetu galimybės, kad vieną dieną galiu turėti vaikiną. Niekada nežinome, koks likimas mus ištiks.

Turėjau svajonę turėti vaikų.

Ilgą laiką svajojau sukurti tobulą šeimą su vaikinu ir vaikais. Tačiau laikas bėgo ir atsirado naujų pareigų. Tai paliko mano svajonę ir padarė ją beveik neįmanomą.

Labai sudėtinga galvoti apie vedybas ir vaikų turėjimą, kai šeimos nariai priklauso nuo jūsų. Jaučiuosi įstrigusi šioje atsakomybėje, kurią mane paliko likimas. Bet tiksliai nežinau, kokia bus mano ateitis po dešimties metų, 20 ar net trisdešimties metų. Kas žino, kad ateitis nerezervuoja laimės likimo? Kol kas tai tik didelė svajonė.

Gyvensiu dabarties akimirkoje be didelių lūkesčių. Ketinu tęsti su dideliu tikėjimu Dievu. Viską, kas man parašyta, kada nors gausiu. Taigi, gyvenime vaikštau apdairiai. Telaimina Dievas jūsų visų sėkmę.

Kai esame nepatenkinti, tai motyvuoja mus keistis.

Gyvenime yra tam tikrų situacijų, kurios verčia mus nepatenkinti. Šios situacijos išveda mus iš paguodos ir verčia mus norėti, kad pokyčiai pagerėtų. Tai ypač gerai. Iššūkiai pastato mus į tokią padėtį, kurioje galime parodyti savo sugebėjimus.

Asmeniniame gyvenime visada buvau patyręs. Viskas paskatino mane elgtis atsargiai, bet tiksliai ir efektyviai. Rezultatų siekiau dėl savo nuopelnų. Jaučiausi patenkintas kiekvienu savo pasiekimu, tarsi tai būtų didelis pokytis. Tapau puikiu nugalėtoju.

Sėkmės formulė yra paprasta: daug drąsos, daug kovų, daug įsipareigojimo, ryžto ir meilės tam, kas padaryta. Tai nėra naudinga, nes skundžiatės galimybių trūkumu. Niekas neateina ir neišeina lengva. Mums reikia vidinių energijų, kurios mus aplenktų žmogiškuoju blogiu. Mums reikia, kad mūsų brangi laisvė būtų tikri žmonės. Mes turime būti prioritetas savo meilės gyvenime ir savo gyvenime. Niekada iš nieko nepriimkite meilės trupinių.

Visada medituokite apie savo interjerą

Stenkitės medituoti kančios metu. Giliai įkvėpkite, nusiraminkite, pakelkite galvą ir priimkite sprendimus remdamiesi savo vidiniu atspindžiu. Pabandykite rasti sau tai, kas jus judina gyvenime. Medituodami viduje, rasite reikiamus atsakymus į visas savo problemas. Gerai apmąstydami išlaisvinsite jus nuo sielvarto ir kankinimų. Tai būtina mūsų emocinei pusiausvyrai.

Pagalvokite, kad pasaulis yra puikus mokymosi kelias. Pasaulis išlieka ir mes jau kurį laiką esame čia. Tada kam sodinti blogį? Kodėl nepasinaudojus tuo mažu laiku, kurį likome daryti gera? Manau, kad tai yra asmeninių pasirinkimų srities dalis. Kaip aš tikiu Dievą, taip yra žmonių, kurie tiki ir garbina velnią. Tai dvi priešingos jėgos, kurios išlieka visatoje. Ir šiuos skirtumus reikia vienaip ar kitaip gerbti.

Mes esame čia, žemėje, kad išsiskirtume. Mes turime padėti žmonijos pažangai. Kokia tai graži misija? Kartais nesuvokiame, kokio dydžio atsakomybę nešame kiekvieną dieną. Be asmeninių įsipareigojimų, su draugais ir pažįstamais, mes taip pat turime galvoti apie pasaulį, kad gyvenimas būtų geras visiems.

Tai verčia mane galvoti apie asmeninius tikslus. Tikslai nukreipia mus į darbo, pastangų, planavimo, asmeninio intelekto pasiekimą. Tai mums primena ir viešąjį administravimą, kurio pagrindiniai principai yra planai planuoti, analizuoti ir veikti. Viskas yra svarbus kontekstas mūsų gyvenime. Net jei žinome mažai, turime kuo prisidėti prie tų, kurie žino daugiau. Tokiu būdu profesionalus ciklas užsidaro puikiai.

Kalbant apie darbą, turime galvoti apie žmonių vertinimą, net jei jie turi skirtingus sugebėjimus. Negalime naudoti skirtingų skalių darbuotojams, turintiems tą patį pajėgumą, tačiau galime atskirti tuos, kurie turi didesnį pajėgumą. Tai lygybės darbo požiūriu klausimas.

Atsakomybė santuokoje

Santuoka yra didelė atsakomybė. Kad santuoka veiktų, reikalingas platus poros ryšys. Tam reikia supratimo, kantrybės, atsparumo, tolerancijos, meilės ir bendrininkavimo.

Niekada su niekuo nesitreniravau, kas iliustruoja, kaip sunku būti abipusiam meilėje. Mylėti yra nedaugelio žmonių privilegija. Kartais pagalvoju, kad negimiau tam, kad ištekėčiau. Gal todėl ir yra mano didžioji meilės sėkmė. Bet gal tai tik charakterio neatitikimas.

Jei jums buvo suteikta malonė meilėje, švęskite ir mėgaukitės. Šiuo metu gyvenimas yra tas, kuris palaiko pasaulį. Per mylimą žmogų kuriamos didžios tautos, didingi pastatai ir didieji stebuklai. Meilė yra geriausias dalykas pasaulyje.

Gyvenimas ir mirtis

Senovėje potvynis sunaikino žemę. Potvynis apėmė visus kalnus ir sunaikino gyvas būtybes, gyvenusias žemėje. Liko tik jie ir jo šeima. Po tvano Dievas sudarė sandorą su gyvomis būtybėmis, kad joks tvanas negalėtų sunaikinti gyvybės žemėje. Dievas matė, kad žmonės gali būti geri ar blogi, ir tada jis priėmė šį dvilypumą.

Dievo bausmė žemėje senovėje rodo, kad Dievo planas žmogui buvo toks, kad jis būtų tobulas. Kažkas nutiko projekte ir tada vyrui pasidarė bloga. Bet gerai, kad per teisųjį Dievas suteikia mums galimybę, kad gyvenimas tęstųsi.

Mūsų gyvenimas ir mirtis yra mūsų gyvenimo pabaiga. Mes turime gyvenimą Dieve, o mirtis yra perėjimas į dvasinį pasaulį, kur būsime teisiami. Žinojimas, kaip valdyti savo gyvenimą, yra geriausias požiūris, vedantis mus į sėkmę ir laimę.

Mąstydami apie gyvenimą, manau, turėtume rasti savo kelią. Tokiu būdu mūsų šeima, artimieji, draugai, pažįstami, skaitytojai, gerbėjai, sekėjai, trumpai tariant, visi tie, kurie mus palaiko, yra įtraukti, kad galėtų tęsti. Mes esame niekas be visų šių žmonių, kurie yra mūsų šeimos dalis. Todėl būkime nuolankūs, paprasti ir, svarbiausia, visų šių žmonių kelionės palydovai.

Šiek tiek apie mano mamą

Mano mama gimė mažo arklio regione Pernambuco. Jis gimė paprastame mediniame name su dešimčia kitų brolių. Jų tėvas ir motina buvo ūkininkai. Genetinė šeimos kilmė yra portugalų, čiabuvių ir ispanų.

Mano mama vaikystėje išgyveno daug finansinių sunkumų. Ji turėjo anksti dirbti sode, kad padėtų savo tėvams. Senais laikais buvo pagamintos didelės pomidorų plantacijos, kurias nupirko vietinė gamykla.

Mano mama anksti ištekėjo ir persikėlė į vyro namus. Jie persikėlė į Braziliją, tačiau dėl nelaimingo atsitikimo su mano tėvu grįžo į Pernambuco. Mano mama turėjo šešis gražius vaikus, kurie šiandien yra didžiausias mano paveldas. Mirė mano tėvai, taip pat ir mano brolis Adenildo. Mano brolis turėjo tris gražius vaikus, kurie yra mano brangūs sūnėnai. Tai šiek tiek susiję su mano šaknimis.

Šiek tiek apie mano brolį Adenildo

Adenildo buvo mano antrasis didysis brolis. Jis buvo ūkininkas, kaip ir kiti mano broliai. Jis turėjo dirbti pradžioje ūkis, septintajame ir aštuntajame dešimtmetyje, pomidorų plantacijose Paraíba valstijoje. Būtent su šių pomidorų plantacijų sėkme mano tėvas nusipirko dabartinę žemę, kurioje mes gyvename.

Po to jis grįžo į naują viltį, turėjo keletą išvykų ir galiausiai vedė, turėdamas tris gražius vaikus. Visada padėdavau jo šeimai finansiškai, kai jis būdavo bedarbis. Dar jaunas, keturiasdešimt aštuonerių metų amžiaus, jis turėjo plaučių insultą ir trombozę, kuri galiausiai lėmė jo mirtį. Jie liko iš jo šeimos, žmonos ir trijų vaikų.

Mano didžioji svajonė buvo apkeliauti pasaulį.

Ar kada nors galvojote apie puikią kelionę aplankydami kiekvieną pasaulio šalį? Tai būtų gana šaunu, ar ne? Pažinkite visas sausumos kultūras, kiekvienos šalies sostines, lankytinas vietas, pasikalbėkite su šiais žmonėmis.

Bet aš tiesiog neturėčiau drąsos keliauti po pasaulį. Bijau skristi. Taigi, man labiau patinka žinoti gražias vietas arčiau namų.

Būkite laimingi, net jei jus neteisingai supranta kiti

Pasaulis tavęs nesupranta ir persekioja. Pasaulis kankina jus dėl jūsų priežiūros stokos. Tada jūs klausiate savęs, ką aš padariau blogai, kad to nusipelniau? Jūs nepadarėte nieko blogo. Tik tai, ką galvoja kiti, skiriasi nuo to, kuo tiki. Įveikite tai ir eikite gyventi pagal savo tiesą.

Kai buvau jaunas, jaučiausi kaltas, kad nepatikau kitiems. Jaučiausi bejėgė ir liūdna, kad niekas manęs nemėgo. Bet čia ir slypi klaida. Tu esi tas, kuris turi tau patikti. Kai vertini save, esi arti laimės. Kai myli save, pritrauki kito meilę. Tai vadinama visuotiniu traukos dėsniu.

Neleiskite niekam įvaldyti jūsų veiksmų.

Turėkite autonomiją, kad apsisaugotumėte nuo blogos įtakos. Turėkite autonomiją vykdyti savo laisvą valią. Todėl nepriimtina, kad kažkas nori tave apšmeižti. Jūs turite pasinaudoti šia teise, kad nepaverstumėte lėlės į kitų rankas. Nebijokite. Kovok už savo laisvę ir būk laimingas.

Kai kuriuose dalykuose mane visada paveikė mano šeima. Bet aš suprantu, kad šis įtakos santykis yra neišvengiamas. Jie priklauso nuo manęs finansų srityje ir viskas, ką darau, juos veikia. Taigi turiu nuspręsti ne tik dėl savęs, bet ir dėl keturių žmonių.

Ši finansinės ir emocinės priklausomybės situacija mane liūdina. Bet aš suprantu, kad nieko nėra amžinai. Ateis laikas, kai būsiu visiškai laisvas. Galbūt aš piktnaudžiauju ta laisve kai kuriais klausimais. Taigi manau, kad mano dabartinė padėtis yra gera.

Savanaudiškumas yra blogiausias defektas.

Savanaudiškumas – tai gerų dalykų noras. Suprantu, kad pasaulis yra milžiniškas, pliuralistinis, jame kasdien daug žmonių kovoja už savo sėkmę. Tad kodėl gi nenorėjus matyti vienas kito laimės? Linkiu gero visiems žmonėms, kuriuos pažįstu, draugams ar priešams. Kai nori gėrio iš kitų, mainais gauni tris kartus daugiau.

Savanaudiškumas šiais laikais netinka. Mums reikia, kad vieningas, stiprus pasaulis kovotų kartu. Mums reikia žmonių, kurie nutrauktų blogio ratą ir kurtų naujus meilės ir solidarumo santykius. Pasauliui reikia kompetentingų, atsidavusių, gerų ir dosnių žmonių. Tikėkimės geriausio pasaulyje.

paskutinis

www.ingramcontent.com/pod-product-compliance
Lightning Source LLC
LaVergne TN
LVHW010610070526
838199LV00063BA/5129